新时代智库出版的领跑者

本书得到国家社科基金一般项目"珠三角劳动力市场研究"(项目批准号：12BJY044)的资助。

珠三角劳动力市场研究

陈广汉 李小瑛 著

RESEARCH ON THE LABOR MARKET IN CHINA'S PEARL RIVER DELTA AREA

中国社会科学出版社

图书在版编目(CIP)数据

珠三角劳动力市场研究/陈广汉,李小瑛著.—北京:中国社会科学出版社,2023.3

(国家智库报告)

ISBN 978-7-5227-1298-7

Ⅰ.①珠…　Ⅱ.①陈…②李…　Ⅲ.①珠江三角洲—劳动力市场—研究　Ⅳ.①F249.276.5

中国国家版本馆 CIP 数据核字(2023)第 031179 号

出 版 人	赵剑英
责任编辑	喻　苗
责任校对	韩天炜
责任印制	李寡寡

出　　版	中国社会科学出版社
社　　址	北京鼓楼西大街甲 158 号
邮　　编	100720
网　　址	http://www.csspw.cn
发 行 部	010-84083685
门 市 部	010-84029450
经　　销	新华书店及其他书店
印刷装订	北京君升印刷有限公司
版　　次	2023 年 3 月第 1 版
印　　次	2023 年 3 月第 1 次印刷
开　　本	787×1092　1/16
印　　张	11
插　　页	2
字　　数	145 千字
定　　价	65.00 元

凡购买中国社会科学出版社图书,如有质量问题请与本社营销中心联系调换
电话:010-84083683
版权所有　侵权必究

摘要： 本书以二元结构理论和劳动力市场分割理论为基础，结合劳动力供给和劳动力的产业需求，分析珠三角人力资本与产业结构的互动关系，并进一步分析由此带来的劳动力市场雇佣关系和收入差距的变动情况。主要的研究发现包括：第一，珠三角地区产业结构经过几十年的发展取得长足发展，第三产业增加比重显著增加，第二产业朝着资本、技术密集型转型；第二，高素质劳动力仍缺乏，劳动市场分割明显。相对于发达经济体而言，珠三角地区高素质（大专及以上）就业人口比重仍然偏低，低素质（初中及以下）就业人口比重较高，而且劳动力市场分割显著，极大阻碍产业结构、人力资本结构"双提升"；第三，人力资本与产业结构发展不协调匹配。实际上，无论从就业产业还是专业人才产业结构偏离度来说，因为存在受教育程度、技能、经验等阻碍劳动产业间流动的障碍，结构协调程度改善不明显。第四，珠三角人力资本整体偏低，劳动者的人力资本升级速度落后于产业升级的速度，曾经以劳动密集型为主的第二产业，现在更需要高级人力资本支撑其产业升级。建议产业政策和劳动力市场政策互相配合共同作用，推动珠三角人力资本水平和产业结构双升级。

关键词： 珠三角　劳动力市场　产业升级

Abstract: Based on the duallabor market theory and labor market segmentation theory, this book combines labor supply and industrial demand to analyze the interaction between human capital and industrial structure in the Pearl River Delta, and further analyze the labor market employment relationship and income difference change. The main findings are as follow: first, the industrial structure of the Pearl River Delta region has been upgrading, the proportion of the tertiary industry has increased significantly, and the secondary industry has transformed into capital and technology-intensive; second, high skilled labor and talents are still lacking, and the labor market is segmented which causes labor market discrimination and distortion. Compared with developed economies, the proportion of high-quality (college and above) employed population in the Pearl River Delta region is relatively low, and the proportion of low-quality (junior high school and below) employed population is relatively high; third, the development of human capital and industrial structure is not coordinated. In fact, there is significant deviation of the employment and the industrial structure, and there are obstacles such as education level, skills, and experience that hinder the flow of labor between industries; fourth, the upgrading speed of human capital lags behind the speed of industrial upgrading. For example, the secondary industry, which used to be labor-intensive, now needs advanced human capital to support its industrial upgrading. Our policy recommendation is that industrial policies and labor market policies should cooperate with each other to promote the double upgrading of the human capital level and industrial structure of the Pearl River Delta.

Key Words: Pearl River Delta Area; labor market; industrial upgrading

目 录

一 导论 ·· (1)
    （一）问题的提出 ································· (1)
    （二）本研究的理论起点 ··························· (3)
    （三）本书的研究对象、概念和假设 ················· (5)
    （四）本书的研究内容和结构安排 ··················· (7)

二 国内外相关研究评述 ································· (12)
    （一）国外研究状况 ······························· (12)
    （二）国内研究状况 ······························· (16)
    （三）简要评述 ··································· (19)

三 珠三角劳动力市场和产业结构的动态演变 ············· (20)
    （一）珠三角地区劳动力市场的变化趋势 ············ (20)
    （二）珠三角地区产业结构的动态演变 ·············· (28)
    本章小结 ··· (38)

四 人力资本结构发展与产业结构互动研究 ··············· (39)
    （一）珠三角就业与产业结构匹配程度的演变 ········ (39)
    （二）人力资本结构发展与产业结构调整相关
          关系 ··· (49)
    本章小结 ··· (62)

五 劳动力市场雇用关系的演化及影响因素 (64)
- （一）引言 (64)
- （二）我国雇用关系构成演化的背景和已有研究成果 (65)
- （三）数据说明和描述统计 (72)
- （四）雇用关系构成的变动趋势 (80)
- （五）雇用关系及其变动的影响因素 (83)
- 本章小结 (91)

六 劳动力市场工资差异研究 (92)
- （一）城镇与外来劳动力工资差异分解及其变化 (92)
- （二）户籍歧视与收入不平等关系研究
  ——基于分位数回归模型的视角 (106)
- （三）城镇就业市场上劳动力工资扭曲程度测度 (129)
- 本章小结 (144)

七 结论与政策建议 (146)
- （一）基本结论 (146)
- （二）政策建议 (149)

参考文献 (152)

一 导论

（一）问题的提出

从20世纪80年代开始，珠三角凭借改革开放先行一步的制度创新优势和毗邻港澳的区位优势，承接来自港澳台乃至东亚的劳动密集型制造业，吸纳了全国范围内大量的农村剩余劳动力，由此逐步成为劳动密集型、外向型的世界制造业基地和以外来"农民工"为主体的开放型劳动力市场。在很长一段时期，处于低端的劳动密集型制造业和低技能的初级劳动力市场之间形成了一种均衡状态，使产业的升级和劳动力素质提升缺乏内在的市场动力，我们将这种劳动力市场与产业结构的均衡状态称为劳动力市场与产业结构的低水平"双锁定"态势。

2004年前后在珠三角地区发生的"民工荒"，逐渐改变了劳动力市场的供求关系。随着《中华人民共和国劳动合同法》的实施，珠三角比其他地区更快地经历了用工制度变迁。劳动力供求关系的变化和《中华人民共和国劳动合同法》的实施，导致劳动力成本上升和工资上涨。另外，土地成本、环境保护、加工贸易政策和国际市场的变化，使企业的生产成本提高。劳动力供求关系和产业发展环境的变化，为突破珠三角劳动力市场与产业结构的低水平均衡状态提供了市场动力。

珠三角处在改革开放前沿，毫无疑问的是那些在经济发展当中带有趋势性、规律性的经济现象以及国际经济环境的新变化会最先发生在这里和波及这里。2004年珠三角地区出现了"民工荒"的问题,引发了中国学术界关于经济发展的"刘易斯拐点"是否来临的大讨论,随后又出现了引起社会广泛关注的大学生就业问题,珠三角劳动力市场呈现出劳动力短缺与结构性失业并存的特点。

目前,珠三角地区人力资本总体水平比较低下,受教育程度较低的就业人员占据总体的很大比例,同时劳动力群体间的人力资本水平的差距导致珠三角劳动力市场的分割十分明显,受教育水平、技能的限制以及地域的分割导致劳动力在产业之间的自由流动受到了很大限制。这直接妨碍了各种要素生产能力的充分发挥,制约了技术进步以及知识和资本密集型产业的发展,造成了不同产业之间生产要素使用效率的差异,这些都是目前低水平人力资本与低水平产业结构相互强化以及结构性失业与用工短缺的根本原因。

通过实现人力资本水平与结构的调整使其符合产业结构调整的目标是正处于工业化中期的地区实现经济发展方式快速转变的必由之路。但是,长期以来,珠三角地区产业结构调整的方向不是发挥人力资源优势,致使人力资本与产业结构转化并不匹配,其直接表现为要素的重新配置存在摩擦,并因此产生诸如失业增加、经济波动和收入差距扩大等社会问题。

从2014年起,珠三角企业为了应对用工短缺和工资上涨的压力,开展了"机器换人"行动,通过以现代化、自动化的装备提升传统产业,用工业机器人等方式替代工人的简单劳动以节省成本,推动技术红利替代人口红利。随着国际竞争程度加剧和国内劳动力市场阶段的转变,促进政府相应的产业政策和劳动力市场法律规定的出台。《广东省现代产业体系建设总体规划(2010—2015年)》从政策层面为珠三角产业转型升级提供了引导,以2008年的《中华人民共和国劳动合同法》实施为代表的劳动力市场制度变迁尝试规范劳动用工制度,有助于理顺劳动雇用关系，减少劳动力市场中制度不完善带来的交易成本。综上，国内市场用工短缺及工资上涨压力、国际市场的竞争压力、国内劳动力市场供求结构的根本性转变，以及政府的产业政策和劳动力市场制度变迁共同作用，为打破珠三角低水平人力资本和产业结构"双锁定"状态提供了契机。

根据上述珠三角劳动力市场的现状提出了以下问题：人力资本的发展和产业结构之间到底存在怎样的互动关系？劳动力市场需求和供给结构如何变动？劳动雇用关系如何演变？劳动力市场的工资是否存在户籍歧视？劳动工资扭曲程度如何？如何寻找珠三角人力资本和产业结构的"双锁定"低水平均衡的突破口而实现"双提升"？本书将分别对这些问题做出解答。

（二）本研究的理论起点

本书的理论起点是二元结构理论（Lewis，1954）和劳动力市场分割理论。刘易斯认为对于普遍属于劳动过剩型国家的经济增长与发展研究，应该回到古典经济学，并提出一个无限劳动供给假定条件下的收入分配和经济增长模型。根据劳动力供给弹性，可以划分为"完全弹性"下的无限劳动力供给阶段和"有限弹性"下的新古典劳动力供给阶段。在第一阶段，传统农业部门存在大量的剩余劳动力，工资水平等于维持劳动力生存的最低费用并且基本上是固定的。那么，现代工业部门就可以在一个较低的、不变的工资水平上获得无限的劳动供给，劳动供给曲线的弹性为无限大。同时，该过程中现代工业部门劳动生产率提高，利润在国民收入中的份额不断上升，加快了资本积累的进程，收入分配和经济增长处于古典主义阶段。一旦传统部门的剩余劳动力被现代工业部门全部吸收，劳动力将与资本一样成为稀缺的生产要素，劳动力供给曲线开始向上倾斜，经济增长和收入分配进入新古典主义阶段——劳动力供给缺乏弹性阶段。对劳动力需求的进一步增加，必然导致实际工资提高，资本和劳动的相对收入差别缩小。工业和农业之间缺口的消失，缩小了劳动者个人之间的分配差距。标志着一个社会从传统农业经济向现代工业经济的跨越性转变。刘易斯模型以战后具有普遍人口过剩特点的发展中国家为研究对象，回归古典经济学的研究假设和方法，为发展中国家的经济发展提供了一个理论框架。珠三角地区表现出显著的二元经济结构特征。大量剩余的乡镇劳动力逐渐向城市区域转移。在经济发展过程中，工业部门快速的人力资本积累和高速的经济增长与工业部门的低水平稳定工资相伴随。珠三角地区的现象与刘易斯模型的假设前提、二元经济的转型动力、机理和过程都比较吻合。但仍旧无法解释在珠三角地区乡镇劳动力存在剩余（即城市区域工业部门劳动力供大于求）的情况下，工业部门实际工资上升的现象。该理论中关于劳动力同质的假定和资本积累推动劳动供给曲线向外平移的假定也存在不合理之处：第一，教育、培训和工作经验的积累都将导致人力资本异质性（Mincer，1974；Becker，1964）；第二，资本积累不一定带来中性的技术进步（Acemoglu，1998，2002），内生技术进步理论认为近年来发达国家的技术进步类型是技能偏向型技术进步。

20世纪60年代以来，国外一些学者放弃了竞争性市场的分析方法，强调制度和社会性因素对劳动报酬和就业的影响，逐步形成劳动力市场分割的理论体系。Doeringer和Piore（1971）根据工资决定、福利和升迁机制等不同特点将劳动力市场划分为主要劳动力市场（primary market）和次要劳动力市场（secondary market）。从需求的角度看，主要劳动力市场对应经济中竞争力强的资本和技术密集型的核心产业，而次要劳动力市场的需求方为生产劳动密集型产品的竞争力较弱的小公司或行业，属于经济中的边缘产业。主要劳动力市场收入高、工作稳定、工作条件好、培训机会多、具有良好的晋升机制。而次要劳动力市场则与之相反，其收入低、工作不稳定、工作条件差、培训机会少、缺乏晋升机制。而且主要劳动力市场和次要劳动力市场之间的流动较少（Doeringer, Piore, 1971）。与刘易斯模型相比，劳动力市场分割学派的特点在于根据行业和企业的需求，以特定的壁垒和流动性障碍将劳动者分置于主要劳动力市场和次要劳动力市场，并认为整体劳动力市场并非处在竞争性的状态之中。但该理论依然存在不足之处：第一，认为教育在人力资本理论中提高生产力的作用收效甚微。教育仅仅作为一种信号作用，表明较高教育程度的劳动者对于培训的接受程度较高，教育只是劳动者获得进入主要劳动力市场的"敲门砖"。第二，指出劳动力素质的提高无助于促进主要市场和次要市场之间劳动力的流动。劳动力分割学派的理论从需求的角度分析，为珠三角地区劳动力市场新现象提供了有益启示，从而弥补了刘易斯模型主要从供给角度分析的不足。但是，该理论主要是以发达国家的劳动力市场为研究对象，关于劳动力市场非竞争性的假设和教育与培训导致的人力资本积累无助于主要市场和次要市场之间流动的观点与我们研究对象所表现出来的特征不吻合。珠三角地区处于工业化的中后期阶段，劳动力市场呈现出劳动力短缺同时存在结构性失业的特点。从乡镇向工业和非农产业转移的劳动力所进入的市场是竞争性的，而实证结果也表明全面提升各产业从业人员的人力资本有助于推动产业的转型升级。

我们应在刘易斯模型和劳动力市场分割理论的基础上，建立新的假设、概念和理论架构，探讨珠三角地区人力资本与劳动市场的互动关系，寻求珠三角地区实现人力资本和产业结构的"双提升"的可行路径。

（三）本书的研究对象、概念和假设

总结和借鉴上述两种理论，基于珠三角地区处于人力资本和产业结构"双锁定"低水平均衡状态的现实,本书将研究对象锁定为人力资本的发展和产业结构水平的互动关系。从个人供给行为和产业需求发展角度分析珠三角地区劳动力总量、结构和制度环境问题。因此,本书侧重于从宏观配置层面研究人力资本在一定区域范围内各地区、各产业之间的分配和流动。关于人力资本的配置,一是指人力资本在各经济区域的分配及由此决定的该区域人力资本与物质资本的组合情况,体现了一定区域内人力资本存量分配的空间格局;二是指人力资本在各产业部门所占的比重以及由此所决定的产业内部物质资本与人力资本的组合关系。本书遵循以下假设:第一,放弃刘易斯模型中劳动力同质的假定,认为教育、训练和经验导致的人力资本的积累有助于劳动的流动,并影响劳动力的供给弹性;第二,城乡劳动力市场是一个竞争性的市场,在这个市场上劳动力供求关系和市场竞争直接影响劳动者的工资水平;第三,肯定教育、培训等人力资本积累的重要作用,将人均受教育年限作为人力资本的代理变量带入模型进行分析。

在上述假设的基础上,本书根据 Mankiw – Romer – Weil (1992) 的模型框架,以人力资本分布结构、内部结构代替"产业结构"指标中的某一产业增加值比重,分析人力资本异质性和结构合理程度对三次产业不同的影响,并利用计量经济学的方法加以实证研究。珠三角劳动力市场存在显著的分割,第一产业就业—产业结构偏离度最大,具有大量劳动力转出空间,但却最为紧缺专业人才;第二产业有接受劳动力转移需求但空间有限;第三产业对整体劳动力和专业人才有较大需求,但碍于各种壁垒,依然紧缺专业人才。人力资本与产业结构的匹配不协调的局面导致珠三角地区出现劳工短缺和结构性失业并存的劳动力市场特征。在这个理论模型的基础上,本书主要分析了四级人力资本和受教育年限对于各个产业劳均增加值的增长影响。分析证明人力资本分布结构对第一产业和第二产业的劳均增加值具有显著影响。对于第一产业和第二产业而言，提高劳动者的人均受教育年限占据十分重要的地位。同时，我们还对劳动力市场雇用关系的演变过程进行了补充研究。引出一些对调整人力资本与产业结构匹配程度的具有政策意义的启示。雇用关系连接了宏观劳动力市场制度、企业雇用管理制度和微观经济主体，与工人的工作类型、议价能力和个体特征相关。雇用关系构成的动态变化反映了劳动力市场制度和管理模式的转型（Baron et al., 1988；Abbott, 1993；Kalleberg, 2008）。在过去二十年我国城镇劳动力市场转型过程中，雇用关系经历了从单一化向多元化发展的演化过程。制度因素的作用略有降低，人力资本等禀赋效应影响逐渐显现，类终身雇用和长期雇用的优势比回升。在我国经济转型过程中，企业需要一个合适的要素价格体系，以正确反映我国的要素禀赋结构，并使企业实际支付的要素价格尽量接近这一要素价格体系（林毅夫等，2007）。工资扭曲则会对目前中国经济的转型形成一种障碍，而现实却是我国城镇就业市场上劳动力工资扭曲现象严重，甚至高于发达国家的扭曲程度。因此，我们还对劳动力市场工资差异进行了扩充研究。

（四）本书的研究内容和结构安排

本书共分为七部分。

第一部分为导论，主要阐述研究的现实和理论背景，界定研究的对象，提出研究思路和假设。

第二部分是对相关理论和文献的回顾和评述，总结了劳动力市场二元结构理论、劳动力市场分割理论和产业结论与人力资本互动的主要观点。

第三、四两部分主要研究珠三角劳动力市场、产业结构以及二者之间的关系，构成了本研究的核心内容。第三章分别对珠三角地区劳动力市场以及产业结构的动态演变情况进行了分析。第三章将劳动力市场的动态演变划分为整体变动与结构变动两个层面，其中整体变动趋势表现为"就业人口总量逐年增长且增速放缓"的特征，而在结构变动方面，又可细分为城乡结构、产业结构、教育程度结构、行业结构和来源结构等五个不同角度，各自表现出不同的变化特征。对于产业结构的动态演变，第三章从时间序列角度入手，结合了核密度函数的分析方法，分析了产业结构内部构成以及各市产业结构的变化特征。第三章通过数据分析发现，珠三角地区工业产业成功地朝着资本与技术密集型方向调整与发展，并且已经形成了清晰的区域分工，但第三产业内部结构不够合理，现代服务业发展相对迟缓。而从各市产业结构的变化来看，珠三角东岸服务业水平发展较快，与西岸城市相比处于领先地位。第四章是在第三章的研究基础上重点分析珠三角劳动力市场与产业结构之间的关系。第四章采用了经济计量分析方法中的广义矩估计模型（GMM），利用珠三角九市的数据分析了四级人力资本和受教育年限对于各个产业增长的影响，从而验证了珠三角人力资本结构发展与产业结构调整的相关关系。另外，第四章还选取就业—产业结构偏离度、比较劳动生产率、产业就业弹性等五项指标分析了珠三角就业与产业结构匹配程度的动态演变特征。综上，第三章是分别对珠三角地区劳动力市场和产业结构进行的分析，而第四章研究的是二者之间的互动关系，这样就形成了关于珠三角地区劳动力市场和产业结构的一个较为完整的分析框架。

第五部分重点研究劳动力市场雇用关系及其变动的影响因素。笔者认为，影响雇用关系构成及其变动的因素包括不可观察的制度影响和可观测的变量影响两类。该章采用经济计量分析方法中的多元 Logit 回归，重点分析了人力资本、工作单位以及宏观经济变量对获得雇用关系的影响。此外，该章在多元 Logit 回归基础上，对雇用关系构成的动态变化进行扩展的 Oaxaca - Blinder 分解,分析人力资本特征、人口学特征、工作单位特征和宏观经济特征对劳动力市场雇用关系变动的影响。扩展的 Oaxaca - Blinder 分解包括一次分解和二次分解:一次分解将两个年份之间雇用关系构成的变动分解为变量解释和系数解释。变量解释部分表示当两个年份的工人面对完全相同的雇用关系外部条件时,由于两个年份中工人的人力资本特征、人口学特征、工作单位特征或宏观经济等禀赋差异出现雇用关系的差异;系数解释部分表示当两个年份中的工人禀赋变量相同时,由于其面对的雇用制度环境不同导致具有类似特征的工人在不同年份与雇主建立了不同的雇用关系。二次分解进一步按照变量的四种分类细分为各种类别的变量解释部分和系数解释部分。一次分解所得的变量解释部分细分为人力资本变量解释部分、人口学变量解释部分、工作单位变量解释部分和地区固定效应解释部分;一次分解所得的系数解释部分可细分为人力资本变量系数解释部分、人口学变量系数解释部分、工作单位变量系数解释部分和省份固定效应系数解释部分,最后是常数项系数解释部分。

第六部分深入分析劳动力市场工资差异的问题,重点考察了城镇劳动力与外来劳动力工资差异,户籍歧视的主要影响因素和劳动力工资扭曲程度。通过对城镇劳动力和外来劳动力的工资差异进行 Oaxaca - Blinder 分解后发现,人力资本差异是导致城镇劳动力和外来劳动力工资差异的主要原因。而且户籍制度严重阻碍劳动力的自由流动,进一步导致农业户口持有者仅能获得比非农户口持有者更低的收入水平。通过采用随机前沿模型,发现劳动力由于工资扭曲现象的存在,其实际获得的工资要比他们的边际生产率低 45%—60%。

第七部分为本书的结论与政策建议部分。总结上述章节分析的主要结论,并据此提出相应的政策建议。

本书的研究成果可以运用于描述珠三角地区劳动力市场和

产业结构调整的现状并解释珠三角地区劳动力市场与产业结构的互动关系。珠三角地区劳动力市场和产业结构的现状主要表现为如下特征：产业结构调整停滞，第三产业发展滞后；高素质劳动力缺乏，劳动力市场分割明显；户籍制度阻碍劳动力自由流动，导致农业户口持有者仅能获得比非农户口持有者更低的收入水平。对于珠三角地区劳动力市场与产业结构互动关系的研究是本书的核心内容，本书通过"人力资本与产业结构的匹配协调程度不理想""人力资本升级速度落后于产业升级速度""中低等受教育人口对产业调整促进效应落后于高等受教育人口"三个要点对该问题进行了阐述。

当然，笔者认为更重要的是，这个课题研究结果能够为珠三角地区的人力资本和产业发展政策提出具体可供参考的建议：首先应重视人力资本结构的合理化调整，通过改善不同阶段教育的受教育机会的不平等性减弱劳动力市场分割程度，减少产业间劳动力流动阻碍，打破低水平产业和低素质劳动力的相互锁定；其次应加快经济增长方式转变，促进人力资本效能发挥，具体应通过引进技术，提高利用资源的深度水平，增加高附加值产品的比重，使经济增长的质量得到提高；再次应建立人力资本与产业结构协调的动态机制，根据不同地区的经济发展培养和引进需要确保人力资本的增长，同时在产业支撑体系发展的区域必须充分分析区域人力资本的当前库存和配置结构；最后应促进人力资本良性循环，降低区域间产业结构的异化程度，具体应建立宏观调控机制并改革劳动力就业制度、社会保障制度和户籍制度，建立打破行政区域界限的多层次区域人力资本市场。

由于理论水平所限，本研究成果还有许多不足之处。从这个意义上讲，课题的完成并不是研究的结束，而是一个新的研究的起点。本书在实证分析部分因为数据的缺乏，因此各市每年人均受教育年限很难计算出来，影响了人力资本水平与产业结构关系的考察。另外，由于缺乏外来劳动力受教育水平的数据，运用本地人口受教育水平的数据来分析整体劳动力市场是存在一定偏差的。如果能有更合适的指标来衡量人力资本水平，将有利于更具系统性地深入探究人力资本水平与结构同产业结构调整互动关系。笔者计划下一步通过市场调研获得数据并寻找更适用于珠三角地区的指标来加以完善。衷心希望同行专家提出宝贵的意见。

二 国内外相关研究评述

(一) 国外研究状况

一 产业结构与人力资本的关系

关于产业结构调整与人力资本互动关系,国外学者有了较多的研究成果,首先,他们分析了人力资本水平对产业结构调整的重要性和促进机理。Romer (1990) 和 Acemoglu (2003) 都认为较高的人力资本水平,"干中学"和知识溢出的效果会较好,这将促使技术创新,促进技术转移和吸收,以促进产业结构转型。Romalis (2004) 则表述为,一方面人力资本可以促进其他生产要素在产业之间的自由流动;而另一方面人力资本的有效供给可以提高产业转型的速度,并减少转型对经济的冲击而造成产业结构的转型。而 Hausmann、Hwang 和 Rodrik (2007) 认为人力资本是产业结构转型的重要基础,也是经济增长的核心因素,同时决定了产业结构转型的方向。所以,人力资本水平对产业转型的促进作用机理是清晰易见的。较高人力资本水平有利于产业结构调整与转化。

但是一些学者的跨国研究表明,人力资本高速增长的国家并没有实现产业结构快速调整和经济高速增长。例如,韩国的教育投资增加非但没有得到预期的效果,反而导致了持续的高失业率和劳动报酬下降 (Temple, 1999)。同样,Kochar 等 (2006) 的研究表明,虽然印度人力资本存量以及教育投资力度都比不上中国、韩国和马来西亚等国，但是印度的资本、技术密集型产业所占经济总量的比重显著高于中国，大致等同于韩国和马来西亚。这些研究似乎都从反面质疑了前述的理论。

面对这样并不符合逻辑的情况，大量的研究尝试做出解释。Ramos 等（2009）认为，人力资本的绝对数量增加并不一定会有利于产业结构转型，且经济增长的源泉是与产业结构的转型相匹配的人力资本。产业结构转化是社会经济发展的常态，需要各种生产要素在产业之间不断调整配置，因此劳动力与其他要素生产之间必然存在配置摩擦。Phelps（2008）则强调，当人力资本的调整速度相较于产业结构转化较慢时，二者配置摩擦加大，各产业之间的劳动力流动将受到限制，这种摩擦和不匹配甚至会阻碍产业结构的调整与演进。所以这些解释都认为，当人力资本的增长速度同产业结构转型匹配时，才会对产业结构调整起到促进作用，相反则会产生阻碍作用。

实际上，许多研究发现，如果人力资本没有率先做出调整提升，在同产业调整关系的互动中，会必然出现两者结构不匹配的状况，而加快人力资本投资、调整人力资本结构可以改善这一状况。Hosios（1994）、Valletta 和 Cleary（2008）都认为，产业结构转化改变了人力资本的需求结构，而人力资本供给结构的调整具有一定的时滞，所以结构性失业就成为一种必然现象。而加速人力资本投资，实现较高的人力资本水平与结构可以使社会尽快在各产业之间建立起新的劳动供求关系，恢复新的供求平衡，从而缓解由产业结构调整所引致的经济波动（Hanlon，2008）。

二 二元结构理论

刘易斯认为发展中国家的经济由两个性质不同的部门组成，一个是巨大和停滞的传统农业部门，另一个是比例虽小但充满活力的现代城市工业部门。根据农业部门存有大量剩余劳动力的状况，提出了无限劳动力供给下的收入分配和增长模式，根据劳动力供给弹性可以划分为"完全弹性"的无限劳动力供给阶段和"有限弹性"下的新古典劳动力供给阶段（Lewis，1954；Fei 和 Ranis，1964，1997）。后续研究拓展了该模型的使用范围，认为现代部门和传统部门的预期工资差异是推动劳动力从传统向现代部门转移的根本动力（Todaro，1969；Murphy，1989）。二元结构理论中关于劳动力同质的假定和资本积累推动劳动供给曲线向外平移的假定存在不合理之处：首先，教育、培训和工作经验的积累都将导致人力资本异质性（Mincer，1974；Becker，1964）；其次，资本积累不一定带来中性的技术进步（Acemoglu，1998，2002），内生技术进步理论认为近年来发达国家的技术进步类型是技能偏向型技术进步。

三　劳动力市场分割理论

20 世纪 60 年代以来，国外一些学者放弃了竞争性市场的分析方法，转而强调劳动力市场的分割属性。Doeringer 和 Piore（1971）根据工资决定、福利和升迁机制等不同特点将劳动力市场划分为主要劳动力市场和次要劳动力市场。Gordan 和 Tobbin（1972）认为该分析框架在美国的劳动力市场是可行的。英国的劳动力市场和美国相比虽然有很多不同特点，但也存在主要劳动力市场和次要劳动力市场分割的明显特征（Bosanquet 和 Doeringer，1973）。从需求的角度看，主要劳动力市场对应经济中竞争力强的资本和技术密集型的核心产业，而次要劳动力市场的需求方为生产劳动密集型产品的竞争力较弱的小公司或行业，属于经济中的边缘产业。这些企业处于低水平同质竞争激烈的市场，为生存不断地降低成本，无力建立内部劳动力市场，工资也比主要劳动力市场低，公司管理缺乏规范的行政制度，无法提供完善的福利和培训机会，很少有升迁的机会。该理论认为教育在此仅仅起到一种信号的作用，较高的受教育程度表示对培训的接受能力较高，但劳动者接受教育是进入主要劳动力市场的敲门砖，对于提高劳动者的生产能力的意义并不大。

被拒绝的劳动者只能在次要劳动力市场中竞争工作，由于主要劳动力市场和次要劳动力市场的工作要求和培训之间的差异，长期在次要劳动力市场工作的人逐渐形成缺乏合作精神、学习动力不足等不符合主要劳动力市场要求的习惯，形成恶性循环，使其进入主要劳动力市场的机会越来越小。最终由于次要劳动力市场的歧视、制度性障碍造成的劳动力在次要劳动力市场工作的状况会强化不良的行为特征，导致这类劳动者处于社会底层的状况无法摆脱的现象。这些观点构成劳动力市场分割理论的主要框架。

20世纪80年代末以来，随着实证工具和条件的发展与完善，劳动力市场分割学派的学者们发表了多篇影响深远的实证文章，增强了对现实问题的解释能力，对不同形式的劳动力市场分割进行验证并尝试探寻分割的原因。他们强调制度与社会性因素造成不同特征工人与不同产业直接的劳动力市场的分割，导致一级劳动力市场和二级劳动力市场之间面对的就业和收入机会的差异（Cain，1976；Dickens 和 Lang，1988）。Webster（2001）通过分析认为，人力资本正变成越来越重要的资产，人力资本的特征预示着随着使用时间的增加，其价值会不断增加而不是不断折旧。能力强和潜力大的人力资本通过工作经验和教育培训加以强化其价值，但与此相反，受教育水平较低的劳动力则会被边缘化和排除在外，这就形成了劳动力市场分割。劳动力市场分割理论实质上只是提出了一个地区存在两个或多个工资决定准则不同，相互独立的劳动力的互相流动受到某种因素制约的这种分析方法的思想。

从本质上说，这些研究表明，初始人力资本水平与产业结构的存在相互选择，但是随着时间的推移，人力资本结构和产业结构将形成一个相互促进的关系，即受教育程度较低的劳动力与劳动密集型产业会形成"双锁定"的态势。

（二）国内研究状况

国内学者也对人力资本同产业结构互动关系这一命题做了很多的研究。

蔡昉（2010）认为开放第二次人口红利的关键是在继续扩大教育特别是高中阶段的普通教育和职业教育，以及在加强对就业者培训的基础上，根据条件的成熟程度逐步延长退休时间，以保持劳动力供给的充足性。陈钊等（2004）估算了1987—2001年各地区完整的教育发展的面板数据，发现中国各省教育水平发展不平衡，尤其是高等教育。高等教育的持续平衡发展有助于缩小地区间收入差距。姚先国、张海峰（2008）通过实证分析发现，劳动力教育程度的提高对地区经济增长有积极显著效应和一定的外出效应。罗国勋（2000）认为人力资本水平决定劳动生产率水平，直接影响着产业结构的演进和高级化调整的速度。蒲艳萍等（2005）认为人力资本对产业结构调整起着至关重要的支撑作用。合理的人力资本供给不仅非常有利于提高产业转换弹性，而且有助于增强产业的生产效率。张少红（2004）则指出人力资本主要是通过产业间转移来实现产业结构的调整，而要素的转移可以产生的资源聚集和替代效应，通过这二者来实现产业结构升级调整。同时，实证研究也发现，高技能人才和产业结构高度密切相关，高技能人才显著地加快了产业结构调整（吕宏芬和王君，2011），一些研究反过来分析了产业结构调整对人力资本水平推动和配置的优化。张其春、郗永勤（2006）认为产业结构优化升级对人力资本配置的作用体现在：一是产业结构的变迁和市场的诱导机制使人力资本从衰退的、低效率的产业部门的地区转移出而被高效的、兴盛的产业部门的地区吸收。边文霞（2008）认为因各产业不仅在使用的劳动力密集度上存在差异，而且对其职业类别结构的要求也存有差异，所以产业结构优化可以间接地促进人力资本投资能力的提高。

一些研究也以劳动力市场供求的角度来论证人力资本对产业结构调整的促进作用。张少红（2004）和张敦富等（2005）都认为，在市场需求导向的前提下，人力资本的供给缺乏弹性，相比需求而言其供给是滞后的，易造成供给不足现象。而在施加人为因素例如扩大基础教育投入后会使人力资本的供给相对过剩，造成人力资本同产业需求的数量和结构偏差，以此来迫使产业结构做出相应的调整。孔进和孔宪香（2007）提出，供给推动体现在人力资本积累通过劳动者素质的提高、技术的进步来推动产业结构的调整与提升；需求推动则体现为人力资本积累促进了社会财富和人均收入的增加，提高了社会总需求和实现了需求结构的改变，而刺激产业结构调整。高永惠和陶同（2006）则认为体现需求推动的作用取决于需求的数量与质量两方面：对各种产品与劳务的需求量不同会造成某些行业或产业的此消彼长，对不同产品与劳务的质量需求的差异推动着产品结构、产业结构的升级。简而言之，产业结构表现为人力资本的需求结构，人才结构则表现为产业的投入结构，二者通过要素供需结构的调整实现了互动（吕宏芬和王君，2011）。

一些研究从区域经济学角度出发来讨论人力资本对区域产业结构的影响。刘桂芝和张肃（2004）通过数据分析得出东北地区劳动力产业结构和人力资本存量产业结构滞后于GDP产业结构的结论，认为人力资本是推动产业结构变化的根本性因素。张晓旭（2007）运用偏离—份额分析方法发现，中西部的产业结构变化特征与东部沿海地区不同，而且对人力资本增长的影响有显著差异，这导致了人力资本的区域分布严重不平衡。赵光辉（2008）则发现区域人才状况优劣情况是区域产业发展和结构调整是否顺畅的决定性因素。高子平（2010）运用产业人才结构指标对上海市的人才结构与产业结构之间的相关性进行了分析，发现高层次的创新型人才的缺乏对上海市的产业结构优化产生了严重的负面影响。王春、张飞舟（2008）则由中国区域资源禀赋差异出发，认为不同区域产业结构差异化严重的根本原因在于人力资本结构的差异。发达地区积累了大量高素质人力资本，且已经进入工业化的中后期，可以适时发展资本密集型和知识密集型产业。各地政府应该遵循人力资本优势，施行差异性产业政策。

另一些研究则集中于产业结构与人力资本结构的协调性分析，认为二者不协调是造成产业结构与人力资本调整缓慢的重要原因。靳卫东（2010）认为人力资本结构与产业结构调整的双迟滞其实是源于人力资本状况与产业结构转化的要求不匹配。徐向龙（2009）指出，人力资本与产业结构匹配状况影响了产业结构与就业结构互动演进的时滞长短、速度快慢与效率高低，从而也就决定了经济发展的能力和水平。喻桂华和张春煜（2004）同样认为是产业结构与人力结构不协调以及产业结构内部的不协调导致产业演进缓慢和结构性失业的发生。秦建国和张明明（2010）通过分析我国1992—2008年"产业结构—就业能力"复合系统的协调度趋势，发现产业结构与人力资本就业能力密切相关，二者之间的协调性问题对经济发展方式的转变具有非常重要的影响。杨益民（2007）则从人才产业结构偏离度视角分析得出人才结构与产业结构匹配程度与现代化、高端化产业快速增长有直接联系。从上述分析可以看出人力资本与产业结构的协调发展对加快经济结构的优化进程和人力资本水平与结构的提升有着重要作用。

（三）简要评述

综上所述，国内外研究文献对人力资本水平与结构同产业结构调整的互动关系机理做出了系统性的分析，分别从技术效率、要素集聚、劳动力市场供求关系、劳动力市场分割等角度来论述较高的人力资本水平对产业结构升级有明显的推动作用，同时产业结构调整也对人力资本结构存在反作用力，并且强调二者的结构性匹配与协调对产业结构与人力资本的双提升至关重要。已有的理论和实证研究为分析珠三角劳动力市场发展和产业转型升级提供了基础。珠三角劳动力市场供给结构正在发生深刻转变，大学毕业生供给的增加，技能工人不足和低技能工人工资上升等都对产业结构的发展带来深刻影响。现有研究缺乏动态和系统的视角分析珠三角地区劳动力市场与产业结构之间的互动关系。本文试图建立一个统一的框架对珠三角地区的产业升级和劳动力市场的发展进行系统的分析，解释珠三角地区劳动力市场与产业转型升级的互动关系。另外这些论述缺乏人力资本推动作用的产业异质性考虑，即对不同的产业部门影响程度差异，同时也缺乏对人力资本的内部结构的产业调整推动作用的分析。所以这也正是本研究的可能创新所在。

三　珠三角劳动力市场和产业结构的动态演变

本章主要介绍珠三角劳动力市场和产业结构的动态演变情况。对于劳动力市场，从人口总量和市场结构两个维度分析近十年的动态变化过程。就产业结构而言，从时间序列角度入手，结合核密度分析方法，分析珠三角地区产业内部结构和各市的产业结构的动态演变。

（一）珠三角地区劳动力市场的变化趋势

本节主要从珠三角劳动力市场的人口总量和市场结构两个维度对近十年的变化展开分析。在就业人口总量方面，珠三角地区劳动力市场的动态演变具有"逐年增长但增速放缓"的特征。劳动力结构市场分为城乡结构、产业结构、受教育程度结构、行业结构和来源结构五个方面。从城乡结构变动来看，珠三角地区乡镇劳动力构成比显著下降；从产业结构变动来看，十年内珠三角地区第一产业就业人口的构成比逐年下降，第三产业就业人口的构成比则显著增加，与第二产业就业人口构成比的差距逐渐缩小；从受教育程度结构变动来看，珠三角就业人口的平均受教育程度得到了大幅提高；从行业结构变动来看，近十年珠三角整体就业人口的就业结构格局并未得到实质改变，制造业吸纳人口为各行业之首，珠三角劳动力市场的分割越发显著;从来源结构来看,珠三角地区外来就业人口当中,高中与中专、大专及以上受教育程度的外来就业人口的比重均有不同幅度上升。

一 珠三角劳动力市场就业人口的总量变动

我国经济转型过程释放出了大量农村剩余劳动力,大量的农村剩余劳动力涌入了珠三角地区,改变了珠三角地区劳动力市场的禀赋和结构特征。本节将对珠三角劳动力市场的发展从总量和结构两个方面进行动态分析。

在就业人口总量方面,珠三角地区劳动力市场的动态演变具有"逐年增长但增速放缓"的特征。2005年珠三角地区劳动力市场的就业人口共2822.6万人,至2014年增长了36.2%(共3845.3万人),但各年就业人口增长率却呈下降之势,2005年增长率最高,为13.3%,此后增速放缓,其中2012年增长率仅为0.2%,这在一定程度上反映了珠三角地区劳动力市场正在趋于饱和。

表3-1　　　珠三角地区劳动力市场就业人口的总量变动　　(单位:万人;%)

年份	2005	2006	2007	2008	2009	2010	2011	2012	2013	2014
就业人口	2822.6	2963.9	3107.4	3232.4	3412.1	3572.0	3630.2	3638.8	3784.1	3845.3
年增长率	13.3	5.0	4.8	4.0	5.6	4.7	1.6	0.2	4.0	1.6

数据来源:根据历年《广东统计年鉴》数据整理。

二 珠三角地区劳动力市场结构的动态演变

1. 珠三角地区就业人口的城乡结构变动

前文已经分析了珠三角地区劳动力市场就业人口总量变动的趋势,为了进一步分析珠三角地区劳动力市场动态演变的结构性特征,下面将从劳动力市场的城乡结构、产业结构、受教育程度结构、行业结构和来源结构五个方面对珠三角地区劳动力市场结构的动态演变进行全面具体的分析。

从就业人口的城乡结构变动来看,珠三角地区乡镇劳动力构成比显著下降,2003年和2013年分别为40.94%和36.91%,2013年比2003年下降了4.03个百分点。而城市劳动力的构成比则明显增加,2003年珠三角地区城市劳动力占劳动力总量的59.06%,至2013年这一数值已增至63.09%,这种劳动力城乡结构的变动趋势反映了珠三角地区劳动力的城乡转移趋势,即乡镇劳动力逐渐向城市区域转移。另外,从表3-2可知,珠三角地区就业人口城乡构成比的差距正呈现进一步扩大的态势,2003年差距仅为18.12个百分点,到2013年扩大至26.18个百分点。

表3-2　　　　　珠三角地区就业人口的城乡结构变动　　　　　单位:%

年份	2003	2005	2007	2009	2011	2013
乡镇劳动力构成比	40.94	39.16	38.73	37.63	37.60	36.91
城市劳动力构成比	59.06	60.84	61.27	62.37	62.40	63.09

数据来源:根据历年《广东统计年鉴》和《广东农村统计年鉴》数据计算整理。

2. 珠三角地区就业人口的产业结构变动

从就业人口的产业结构变动来看,十年内珠三角地区第一产业就业人口的构成比呈下降趋势,2005年为14.92%,2011年首次降至10%以下,至9.86%,2014年进一步降至9.09%。相反,第三产业就业人口的构成比则显著增加,与第二产业就业人口构成比的差距逐渐缩小,具体而言,2005年第三产业就业人口的构成比仅为35.29%,而2014年已超过40%,达到41.16%。而第二产业就业人口的构成比则较为稳定,变动幅度很小,十年间仅减少0.04个百分点。由此可知,珠三角地区第一产业的就业人口逐渐转移到了第三产业,珠三角的产业结构升级调整趋势明显。

表 3-3　　　　　　　珠三角地区就业人口的产业结构　　　　　　单位:%

年份	2005	2006	2007	2008	2009	2010	2011	2012	2013	2014
第一产业	14.92	13.81	13.09	12.59	12.31	11.49	9.86	9.86	9.46	9.09
第二产业	49.79	49.85	49.53	48.96	48.80	48.58	52.15	51.54	50.88	49.75
第三产业	35.29	36.34	37.38	38.45	38.89	39.93	37.99	38.60	39.66	41.16

数据来源：根据历年《广东统计年鉴》数据计算整理。

3. 珠三角地区就业人口的素质结构变动

几十年来珠三角作为改革开放的前沿，各类劳工和人才的聚集地，就业人口受教育程度总体变化出现了一些阶段性变化特征。2000 年、2010 年珠三角就业人口平均受教育年限分别为 9.35 年和 10.28 年，其整体就业人口受教育年限在 10 年间提升了 0.93 年，在近十年中，珠三角地区就业人口的平均受教育程度得到了大幅提高。

2010 年，珠三角地区同广东和全国水平相比，分别多了 0.31 年和 1.18 年。虽然就业人口受教育年限珠三角地区就业人口人均受教育年限高于全国平均水平，但仅仅是因为更高比例的受高中与中专教育的就业人口。长三角地区 2010 年高素质就业人口占总就业人口的 25.54%，珠三角地区高素质（大专及以上）就业人口比重同期仅为 16.65%，不仅差距明显，而且相对于 2000 年的数据两地差距明显拉大。

表 3-4　　　　　珠三角地区就业人口受教育年限的变化　　　　单位：年

区域 \ 年份	2000	2010	增减
珠三角	9.35	10.28	0.93
广东	8.81	9.97	1.16
全国	7.95	9.10	1.15

数据来源：根据第五次人口普查资料和第六次人口普查资料计算整理。

珠三角各市之间就业人口的人力资本差异也非常明显，平均受教育年限在不同地区出现较大差距。由图3-1可知，2010年广州、深圳、珠海三市的就业人口平均受教育年限较高，分别为10.89年、10.93年和10.96年，而江门、肇庆、惠州相对前三市显示出较大差距，并明显低于珠三角就业人口总体受教育水平，这也说明大量高学历高素质就业人口去一线城市或者经济特区就业的状况，这些地方基础设施和产业结构较合理和高端，同高水平人力资本较为匹配。

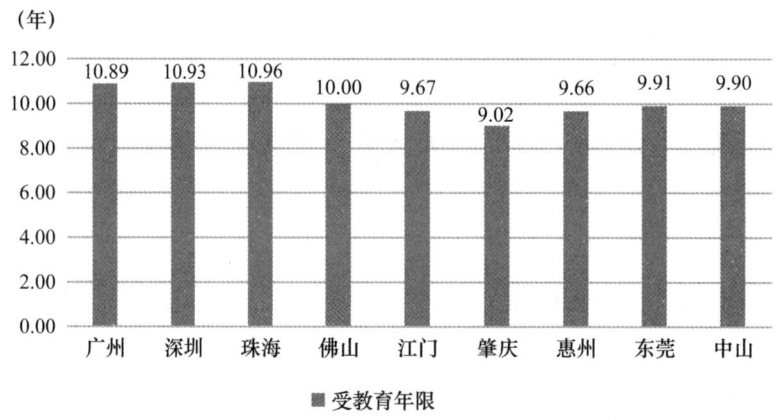

图3-1 2010年珠三角地区分市就业人口平均受教育年限
数据来源：根据第六次人口普查资料计算整理。

以上是对珠三角地区就业人口受教育情况的整体介绍，下面将具体分析珠三角地区三次产业就业人口受教育程度结构的变动。如表3-5所示，珠三角地区就业人口素质结构的产业分布差异显著，并且差距减小的趋势并不明显，这将明显影响到就业人口的产业间转移，随着产业结构的演进，这是结构性失业和用工短缺发生的重要原因。2000年，第一产业就业人口当中小学及以下文化程度的就业人口所占比重比第二、三产业高得多，达到49.08%，而高中与中专、大专及以上文化程度的就业人口均低于第二、三产业。第二产业初中文化程度的就业人口比重为65.44%，高于第三产业，而第三产业高中及以上学历的就业人口所占比重远高于第一、二产业。2010年这种情况并没有得到明显改观，三次产业人力资本内部结构差异依然十分显著。第一产业明显集中了大量的初中及以下学历的就业人员，伴随较低的劳动生产率，第二产业就业人员中初中学历者达到58.73%，第三产业仍然是高中与中专及大专及以上就业人口比重最高，合计达55.19%，这些情况都说明，产业间的劳动力转移存在较大障碍。

表3-5　珠三角地区三次产业就业人口受教育程度结构的变动　　单位：%

	年份	小学及以下	初中	高中与中专	大专及以上
第一产业	2000	49.08	45.09	5.66	0.17
	2010	36.43	50.53	10.91	2.12
第二产业	2000	12.95	65.44	18.26	3.55
	2010	8.73	58.73	23.38	9.17
第三产业	2000	15.68	42.92	27.98	13.42
	2010	7.44	37.37	28.45	26.74

数据来源：根据第五次人口普查资料和第六次人口普查资料计算整理。

4. 珠三角地区就业人口的行业结构变动

由表3-6可以发现，近十年珠三角整体就业人口就业结构格局并未得到实质改变，同时整体受教育结构也无本质改善。珠三角地区的就业人口就业产业相对集中，集中于诸如制造业、农林牧渔业、批发零售业等劳动生产率较低、人力资本存量低的行业，2000年、2005年、2010年上述三个行业吸纳了珠三角地区总就业人口的71.51%、73.51%、74.51%，并一直保持总体稳定的趋势，而由前面的分析得知，这三个行业属于就业人员平均受教育年限水平偏低的行业。

制造业吸纳人口为各行业之首，集中分布在广州、深圳、东莞、佛山等市，2010年在四市制造业部门就业人口占珠三角地区制造业就业人口的77.54%；批发零售业就业人员主要分布于广州、深圳、佛山、中山四市，合计占比70.17%；农林牧渔业就业人口则集中于广州、江门、惠州，合计占比53.76%。而近十年来金融业、房地产业、教育等高素质（大专及以上）就业人口集中的行业就业人口所占比例上升，这说明了受教育水平较高的那部分就业人口也有所增加，但是同时受教育水平较低的制造业就业人口也在快速增长。

表3-6　　　　珠三角地区就业人口的行业结构变动　　　　单位：%

年份	农林牧渔业	制造业	建筑业	交运、仓储和邮政业	信息计算机服务	批发零售业	住宿和餐饮业
2000	19.23	36.69	2.18	3.53	/①	15.59	/
2005	14.89	44.38	4.12	2.69	1.24	14.24	4.10
2010	9.49	50.73	3.17	3.26	1.03	14.29	4.20

年份	金融业	房地产业	租赁和商务服务业	科技服务和地质勘查业	居民服务和其他服务业	教育	卫生、社会保障	其他
2000	1.10	1.23	1.69	0.38	3.53	/	0.11	/
2005	0.90	1.58	2.17	0.57	2.97	2.30	0.12	2.60
2010	2.70	2.49	2.73	1.17	3.26	3.10	0.22	4.20

数据来源：根据第五次人口普查资料、第六次人口普查资料以及《长江和珠江三角洲及港澳特别行政区统计年鉴》（2006）计算整理。

从表3-7可以清晰观察到珠三角地区劳动力市场存在分割的证据，并且这种分割越发显著。根据"第六次人口普查统计

---

① 因为与2004年之前的就业分布的统计口径不同，所以按照2004年之后的口径进行归类，故2000年某些行业的就业比重没有列出。

资料"得知,珠三角经济区高素质(大专及以上)就业人口的比重偏低,在 2010 年仅为 16.54%。并且这些高素质就业人口分布比较集中,主要分布在制造业,教育、文化艺术、广播电影电视业,国家机关、党政机关和社会团体以及批发零售、贸易餐饮业等行业,分别占珠三角经济区全部高素质(大专及以上)就业人口的 25.82%、11.86%、10.29% 和 17.04%,合计 65.01%。相对于 2000 年合计占比略有下降。并且,一些技术与资本密集型行业的全部就业人员当中,高素质人员占很高的比重,2010 年,教育、文化艺术、广播电影电视业,金融业和国家机关、党政机关和社会团体等行业部门当中高素质就业人员占比较高,分别为 48%、45% 和 34%,批发零售、贸易餐饮业和制造业高素质就业人员占比很低,分别仅为 6% 和 3%。总之,上述的分析可以表明,就业人口总体素质在上升,但是高素质(大专及以上)就业人口占比依然很低,数量较少,同时越来越集中于少数能获得较高收入和待遇的资本、技术密集型等主导型产业,而受教育水平较低的就业人口集中于劳动密集型等边缘型产业。

表 3-7 珠三角经济区高素质(大专及以上)就业人口的行业分布情况　单位:%

年份	制造业	教育、文化艺术、广播电影电视业	国家机关、党政机关和社会团体	批发零售、贸易餐饮业	合计
2000	33.89	12.67	11.20	10.99	68.75
2010	25.82	11.86	10.29	17.04	65.01

数据来源:根据第五次人口普查资料和第六次人口普查资料计算整理。

5. 珠三角地区就业人口的来源结构变动

珠三角地区外来就业人口规模居全国前列,根据"第六次人口普查统计资料"可知,在 2010 年珠三角地区外来就业人口超过2000万,但是受教育程度却低于珠三角整体就业人口的平均水平。2000年珠三角外来就业人口初中及以下文化程度的人口比重占70.2%,大专及以上文化程度的比重仅5.3%,受教育程度明显低于珠三角地区整体平均水平。这一情况随着时间的推移并无改观。根据2010年统计结果显示,虽然在珠三角地区外来就业人口当中,高中与中专、大专及以上受教育程度的外来就业人口的比重均有不同程度上升,但是相对于整体就业人口受教育水平仍存在差距,并且这种差距呈拉大的趋势,如若无法吸引外来高端人才来珠三角就业,产业结构高端化调整也无从谈起。

表3-8　　　　珠三角地区外来就业人口人力资本结构　　　单位:%

年份	类别	初中及以下	高中与中专	大专及以上
2000	外来就业人口	70.2	24.5	5.3
2000	总体就业人口	67.4	26.7	5.9
2010	外来就业人口	64.2	22.7	13.1
2010	总体就业人口	57.9	25.6	16.5

数据来源:根据第五次人口普查资料和第六次人口普查资料计算整理。

(二)珠三角地区产业结构的动态演变

本节从时间序列角度入手,结合核密度分析方法,分析了珠三角地区产业内部结构和各市的产业结构的动态演变。从时序变动来看,珠三角三次产业结构已完成由"二一三"结构向"三二一"结构的转变,产业结构已经演变到了新的阶段。第三产业拉动珠三角区域经济增长的贡献越来越大。就当前而言,珠三角处于工业化的中后期阶段,其产业结构水平与经济发展水平较不对称。采用核密度分析方法,发现珠三角地区九市第三产业产值比重呈增长趋势,各市第三产业发展水平不均、产值比重差异较大,产业结构的升级发展并不均衡。从产业结构内部构成的动态演进来看,珠三角地区工业产业成功地朝着资本与技术密集型方向调整与发展,并且已经形成了清晰的区域分工,第三产业内部结构不够合理,现代服务业发展相对迟缓。就各市产业结构的发展而言,从三次产业结构总体性的转变上看,珠三角东岸城市服务业水平发展较快,领先于西岸城市。

一 珠三角地区三次产业结构的时序变动

珠三角作为改革开放的窗口,几十年来产业结构变化明显,三次产业结构完成了由"二一三"结构向"三二一"结构的转变,第三产业的占比迅速增加,并且在区域经济当中的地位越发重要,对第一、二产业的带动作用越来越强,目前,产业结构已经演变到了新的阶段。

如图3-2所示,1978年珠三角整体产业结构呈现"二一三"结构,第三产业增加值所占比重相对较低,第二产业增加值比重处于高位。从1978年开始,第一产业比重呈逐年递减的趋势,第三产业增加值占比则不断上升。然后从1995年开始,第一产业增加值比重跌破10%,从1990年开始,第三产业增加值比重同第二产业比重相当,并逐步实现超越。由此可见,珠三角地区的三次产业构成中,第三产业获得稳步发展,经济贡献程度不断提升,尤其是在2005年后珠三角地区以劳动、资源密集型企业为主的第二产业增速放缓、增加值比重下滑后,较高劳动生产率的第三产业在此期间稳步增长,逐步扩大了与第二产业增加值所占比重的差距。在整个发展改革开放的过程当中,第三产业拉动珠三角区域经济增长的贡献越来越大。

(%)	1978年	1990年	1995年	2000年	2005年	2010年	2014年
第一产业	28.29	18.99	8.83	5.16	3.15	2.15	1.90
第二产业	47.15	40.93	50.10	46.48	50.42	48.61	45.00
第三产业	24.56	40.08	41.06	48.35	46.43	49.23	53.10

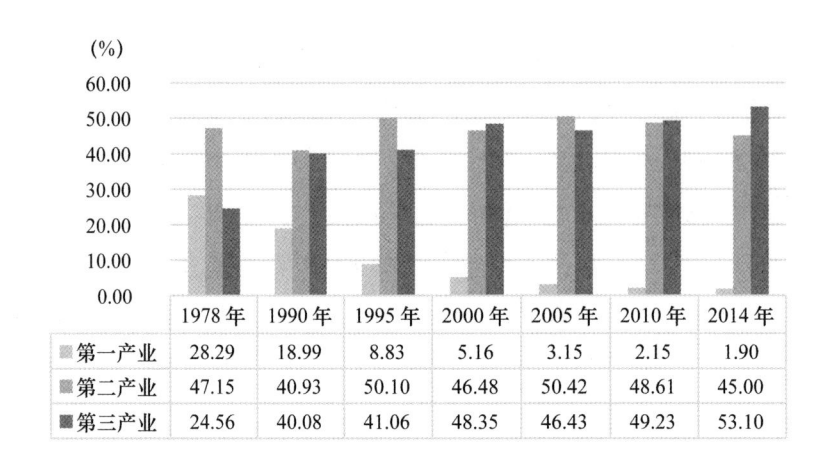

图3-2 珠三角地区历年三次产业构成比重变化与趋势

数据来源：根据历年《广东统计年鉴》计算整理。

但是，第三产业虽然有所发展却仍然迟缓。从GDP、三次产业的增长率角度来了解其从2000年以来的增长态势，从图3-3可以了解到，第三产业增加值占比从2000年的48.35%增长到2014年的53.10%，但是期间也曾出现上升与下降反复趋势。

从珠三角地区三次产业增加值与GDP增速中也可以看出，第三产业增加值的增速相对于第二产业只是在最近几年实现了超越，而之前几十年的比值增长源于对第一产业比值的挤出。由此说明，珠三角地区服务业虽然在近几十年内实现了发展，但是其增加值增速在2005年之前多数落后于第二产业，其增加值占比相对于发达经济体依然偏低，发展滞后。如表3-9所示，2012年中国香港和美国第三产业产值所占比重都在80%左右，从产值比重上看，中国珠三角地区远远低于前者水平，显得比较落后。由此可见，中国珠三角地区第三产业依然存在相当大的空间，目前还处于自我调整和寻求突破式发展的境地。

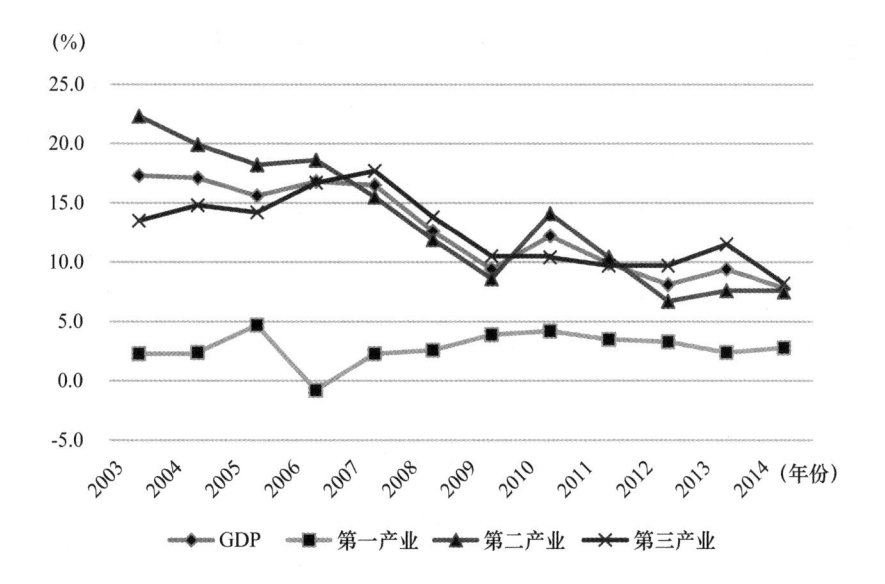

图 3-3　珠三角地区历年三次产业增加值和 GDP 增速

数据来源：根据历年《广东统计年鉴》计算整理。

表 3-9　　2012 年珠三角与其他经济发达区域三次产业产值对比　　　单位：%

国家或地区	第一产业	第二产业	第三产业
中国珠三角地区	2.1	47.9	49.9
中国香港	0.1	7.3	92.6
美国	1.0	20.1	78.9

数据来源：根据《广东统计年鉴》（2013）；香港特别行政区政府，http://www.censtatd.gov.hk/；美国经济分析局，http://www.bea.gov/industry/gdpbyind_data.htm 数据计算整理。

关于珠三角地区产业结构的调整与升级可以分为两阶段：第一阶段是劳动、资源密集型的产业自身调整与改造的过程；而第二阶段则是资本、技术密集型产业对传统产业的替代过程。就当前而言，珠三角处于工业化的中后期阶段，既有第一阶段的尚未完成的进程，也伴随产业替代的第二阶段过程。

匡耀求等（2001）设计过的一种产业结构高度化指数

(SI)，通过代入数据推算，可以得出珠三角2005—2014年的产业结构高度化趋势（见表3-10）。据统计，2005—2014年珠三角地区人均GDP年均增长10.69%，但如果考察珠三角产业结构发展状况，可以发现其产业结构高度化层次确没有与GDP增速保持同步，在总体上呈现出不稳定与前后反复的特征。这表明珠三角产业结构调整面临复杂的外部环境和各种因素制约。实际上，珠三角产业结构水平与其经济发展水平较不对称。

表3-10　　　　2005—2014年珠三角地区产业结构高度化指数

年份	2005	2006	2007	2008	2009	2010	2011	2012	2013	2014
SI指数	2.90	2.89	2.91	2.92	2.90	2.91	2.93	3.04	3.03	3.01

数据来源：根据历年《广东统计年鉴》相应数据计算整理。

二　珠三角产业结构动态演进的核密度分布

上述分析是基于珠三角地区整体的三次产业结构的时序变化趋势，而珠三角地区九市的产业结构由于受到诸如历史、发展战略、国家政策等影响，在演进趋势上存在一定差异，为了更加全面直观地反映珠三角地区产业结构的动态演变情况及分布特征，本小节采用核密度分布分析方法，动态演进的过程及特征将通过核密度分布图来反映。给定样本 $\{x_1, x_2, \cdots, x_n\}$，则标准的核密度估计为：

$$f_h(x) = \frac{1}{nh}\sum_{i=1}^{n} K\left(-\frac{x-x_i}{h}\right)$$

其中，函数 $K(\cdot)$ 称为"核函数"，本质上是一种权重函数。带宽 h 越大，在 x 附近邻域越大，则估计的密度函数越光滑，因此带宽的选择对于估计的结果有较大影响。在选择最优带宽 h 时，通常最小均方误差（MMSE），这里采用基于数据的自动带宽，即 $h = 0.9n^{-0.2}\min(s, iqr/1.349)$。其中，"$iqr$"为样本四分位距，即样本3/4分位数与1/4分位数之间的距离，s

为样本标准差。关于核函数的形式，通常在大样本的情况下，非参数估计对核函数的选择不敏感，本文选用 Epanechnikov 核函数。

本文选取 1990 年、2002 年和 2014 年三个时点作为研究剖面，利用三个时点珠三角地区九市第三产业产值比重的数据（见表 3-11）得到珠三角地区产业结构演变的核密度分布（如图 3-4 所示）。

表 3-11　珠三角地区九市第三产业产值比重（1990 年、2002 年、2014 年）

城市	第三产业产值比重		
	1990 年	2002 年	2014 年
广州	0.546	0.557	0.652
深圳	0.466	0.444	0.574
珠海	0.464	0.409	0.474
惠州	0.530	0.284	0.430
东莞	0.300	0.405	0.382
中山	0.255	0.344	0.521
江门	0.390	0.410	0.423
佛山	0.244	0.407	0.428
肇庆	0.397	0.352	0.353

数据来源：根据历年《广东统计年鉴》相应数据整理。

图 3-4 显示，1990—2014 年珠三角地区九市第三产业产值比重分布的动态演进。由图 3-4 可知，第一，从核密度分布曲线位置的平移来看，样本期内密度分布曲线整体表现出向右移动的趋势，反映出珠三角地区九市第三产业产值比重呈增长趋势；第二，从核密度分布曲线峰度及峰形的变化来看，1990 年曲线表现出峰度较低、单宽峰形的特征，这意味着 1990 年珠三

角地区九市之间第三产业发展水平不均、产值比重差异较大。而 2002 年相比 1990 年波峰高度显著上升且宽度收窄，说明各市间第三产业产值比重差距有所缩小。同时曲线也呈双峰形分布，第一波峰对应的第三产业产值比重处于中等水平，结合曲线左边界右移，可知部分市的第三产业产值比重由较低的水平提升至中等水平，位于第一波峰右侧峰度较低的第二波峰说明少部分城市的第三产业产值比重有所提升，但曲线的右边界左移，反映了 1990—2002 年部分城市第三产业产值比重下降。与 2002 年相比，2014 年虽然曲线整体继续右移，但波峰高度显著下降，且呈现由尖峰形向宽峰形变化的趋势，这意味着尽管珠三角地区第三产业产值比重总体在不断提升，但由于各市第三产业发展速度存在差异，各市第三产业产值比重趋异，珠三角地区产业结构的升级发展并不均衡。

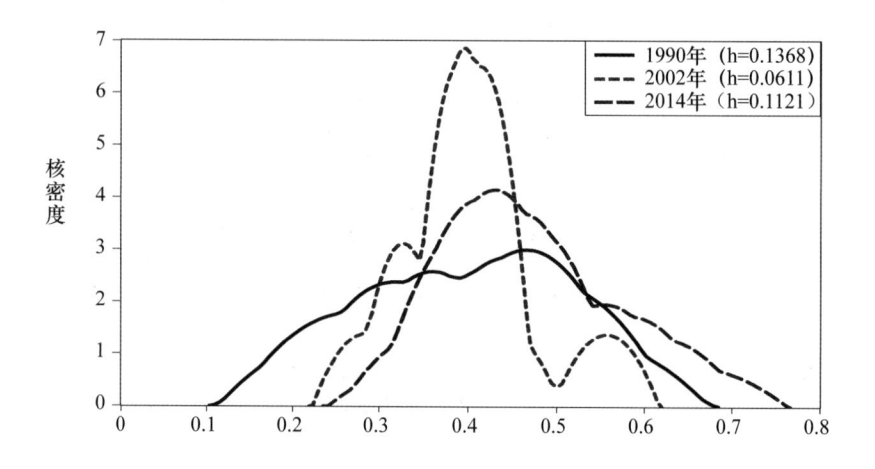

图 3-4 珠三角地区九市第三产业产值比重核密度估计

（1990 年、2002 年、2014 年）

数据来源：根据历年《广东统计年鉴》数据整理。

三 珠三角地区产业结构内部构成的动态演进

从第二产业内部来看，珠三角的产业结构逐步由资源、劳动密集型向技术、资本密集型演进。如表3-12显示的是珠三角地区产值比例最高的六个工业部门。从具体的行业部门层面来分析可以发现，计算机、通信和其他电子设备制造业，电气机械和器材制造业以及汽车制造业占据了第二产业产值比例的前三，这些产业部门都代表了第二产业调整的方向，需要大量资本与成熟技术。而传统的资源、劳动密集型产业部门逐渐被取代而导致产值地位逐步下降。

从地域层面来分析可以发现，珠三角地区产业部门区域分工比较明晰，汽车制造业、化学原料和化学制品制造业主要集中于广州，在2014年，该两个行业的产值分别占工业部门产值的5.50%和5.23%。计算机、通信和其他电子设备制造业以及电力、热力生产和供应业主要集中于深圳，2014年产值占工业部门产值的27.75%和4.64%，而电气机械和器材制造业以及金属制品业则集中于佛山与东莞，分别占11.43%和4.35%。

综上，珠三角地区工业产业成功地朝着资本与技术密集型方向调整与发展，并且已经形成了清晰的区域分工体系。

表3-12　　2014年珠三角地区产值比重前六位的工业部门　　单位：亿元；%

	计算机、通信和其他电子设备制造业	电气机械和器材制造业	汽车制造业	化学原料和化学制品制造业	电力、热力生产和供应业	金属制品业
产值	27149	11182	5378	5112	4541	4258
所占工业部门比重	27.75	11.43	5.50	5.23	4.64	4.35

数据来源：根据《广东统计年鉴》（2015）整理。

第三产业的滞后发展值得关注，现在来考察珠三角地区第三产业内部细分产业的构成。从行业层面来看，2014年珠三角地区第三产业内部其他服务产业所占比重最大，这是因为其他服务业中涵盖了包括计算机和信息服务业、教育行业等在内的10个第三产业内部细分产业。其中批发零售业、金融业和房地产业占较高的增加值比重,而交通运输、仓储和邮政业所占的比重较低。

仅从区域层面来看,珠三角地区第三产业中金融业等现代服务业已经有所发展,但批发零售业等传统服务业所占比重仍然较高,在2012年达到23.4%,高于全国平均水平,在第三产业内部结构仍然处于主导地位。批发零售业产值比重各市均较高,而珠三角地区金融业比重较高主要源于广州和深圳两大中心城市发达的金融服务业,说明相对于传统服务业,金融业等现代服务业区域发展并不平衡。其中2014年深圳市的金融业增加值达到2237.54亿元,占据整个珠三角金融业的半壁江山,展现了珠三角区域现代服务业的发展不平衡性。

由此初步判断珠三角地区第三产业内部结构不够合理,现代服务业发展相对迟缓。相比发达经济体,珠三角地区传统服务业(例如批发零售业)占比偏高,而现代服务业占比偏低,同时服务业区域发展不平衡成了显著的特征。

表3-13　　2012年珠三角和全国主要服务业部门增加值占比　　单位:%

地区	交运、仓储和邮政业	批发零售业	住宿和餐饮业	金融业	房地产业	其他服务业
珠三角	8.2	23.4	4.0	13.4	13.5	37.5
全国	9.4	20.3	3.7	15.2	12.5	38.9

注:此处比重为第三产业内部行业增加值/第三产业增加值,其他服务业为前五者之外的全部服务业部门。

数据来源:根据《广东统计年鉴》(2013)和《中国统计年鉴》(2013)计算整理。

四　珠三角地区各市产业结构的发展变化

从三次产业结构总体性的转变上看,珠三角东岸服务业水平发展较快，领先于西岸城市。以 2014 年数据（见表 3-14）比较各市的三次产业结构，可以发现：第三产业比重最高的三个城市是广州、深圳、东莞，分别达到 65.2%、57.4%、52.1%，均高于珠三角地区平均水平，肇庆、佛山、惠州最低，分别为 35.3%、36.4%、38.7%。

近十几年珠三角地区产业结构持续调整，各市第一产业比重持续下降，核心城市例如广州、深圳第二产业比重逐年下降，佛山、惠州、江门则先上升后下降。珠三角地区各市产业结构的变化反映出地区产业发展并不均衡，各市的目标也有所区别。核心城市已经进入第三产业高速发展阶段，其第三产业内部结构日趋高端化和现代化，而其他城市还在扩张第二产业。若以第三产业比重和内部结构作为衡量地区发展程度的指标体系，珠三角地区第三产业发展的整体水平还是比较低的。这意味着珠三角地区仍是"制造业基地"，第三产业整体规模和质量还有待提高。实际上，珠三角地区面临着日渐增加的产业转型压力。

表 3-14　　　　珠三角地区各市三次产业结构变化　　　　单位：%

	2002 年			2008 年			2014 年		
	第一产业	第二产业	第三产业	第一产业	第二产业	第三产业	第一产业	第二产业	第三产业
广州	3.4	40.9	55.7	2.1	38.9	59.0	1.3	33.5	65.2
深圳	0.8	54.7	44.4	0.1	48.9	51.0	0.0	42.6	57.4
珠海	4.0	55.2	40.9	2.9	54.7	42.4	2.3	50.3	47.4
佛山	6.1	53.2	40.7	2.2	65.6	32.2	1.8	61.8	36.4
江门	10.6	48.4	41.0	8.1	57.6	34.3	8.1	49.1	42.8
肇庆	27.8	37.0	35.2	22.7	36.7	40.6	14.6	50.1	35.3
惠州	14.0	57.6	28.4	7.0	58.9	34.1	4.7	56.6	38.7
东莞	4.5	54.9	40.5	0.3	52.8	46.9	0.4	47.5	52.1
中山	6.3	59.3	34.4	3.1	60.4	36.5	2.4	55.3	42.3

数据来源：《广东统计年鉴》(2003)、(2009)、(2015)。

本章小结

就劳动力市场而言,珠三角地区劳动力市场就业人口总量具有"逐年增长但增速放缓"的特征。劳动力市场结构分为城乡结构、产业结构、受教育程度结构、行业结构和来源结构五个方面。从城乡结构变动来看,珠三角地区乡镇劳动力构成比显著下降;从产业结构变动来看,十年内珠三角地区第一产业就业人口的构成比逐年下降,第三产业就业人口的构成比则显著增加,与第二产业就业人口构成比的差距逐渐缩小;从受教育程度结构变动来看,珠三角就业人口的平均受教育程度得到了大幅提高;从行业结构变动来看,近十年珠三角整体就业人口就业结构的格局并未得到实质改变,制造业吸纳人口为各行业之首,珠三角劳动力市场的分割越发显著;从来源结构来看,珠三角地区外来就业人口当中,高中与中专、大专及以上受教育程度的外来就业人口的比重均有不同幅度上升。

就产业结构而言,珠三角地区已完成由"二一三"结构向"三二一"结构的转变,第三产业拉动经济增长的贡献越来越大。当下,珠三角处于工业化的中后期阶段,其产业结构水平与经济发展水平较不对称。采用核密度分布分析方法,发现珠三角地区九市第三产业产值比重呈增长趋势,各市第三产业发展水平不均、产值比重差异较大,产业结构的升级发展并不均衡。珠三角地区工业产业成功地朝着资本与技术密集型方向调整与发展,并且已经形成清晰的区域分工,第三产业内部结构不够合理,现代服务业发展相对迟缓。

因此,促进产业升级发展,改善各市产业发展水平不均的问题,需提高劳动就业者的人力资本,从而使劳动力结构与产业结构相匹配。

四 人力资本结构发展与产业结构互动研究

本章首先选取就业—产业结构偏离度等五项指标对改革开放以来珠三角就业与产业结构匹配程度的演变过程进行了详细分析，其次基于系统 GMM 模型使用珠三角九市 1978—2014 年的数据实证分析了珠三角人力资本结构发展与产业结构调整的相关关系。

（一）珠三角就业与产业结构匹配程度的演变

本节运用就业—产业结构偏离度、人才偏离度、比较劳动生产率等指标分析改革开放以来珠三角就业与产业结构匹配程度的演变过程。从就业—产业结构偏离度分析发现，珠三角结构偏离度呈现总体下降的趋势，产业结构与就业机构不协调状况得到改善。从人才结构偏离度分析发现，第一产业非常缺乏相关专业人才，第三产业次之，而第二产业则情况稍为乐观。从比较劳动生产率看，珠三角地区第一、二产业目前仍然生产率较低，劳动力仍大量集中在生产率并不高的产业部门，劳动力需要进一步向生产率更高的第三产业部门转移。从产业就业弹性分析发现，总体产业就业弹性虽然走低，但产业弹性的数值不断出现反复，可见人力资本与产业结构的匹配程度并没有朝着理想的方向前进，而这种协调度的表现直接导致了目前人力资本结构与产业结构调整的迟滞。

一 结构偏离度变动趋势与分析

就业—产业结构偏离度①是反映就业人员就业结构和产出结构差异的指标，改革开放以来，珠三角结构偏离度呈现总体下降的趋势，从1978年的1.41到2012年的1.12，下降幅度为20.57%，这说明产业结构与就业结构不协调状况得到一定程度改善。但是这种下降趋势出现了反复，例如在2008年达到最低点（1.07），随后几年呈上升趋势。

分别从三次产业观察我们发现，第一产业的结构偏离度在报告年份中都呈现负值，并且绝对值上扬，从1978年的-0.46下降到2014年的-0.79，同时总体结构偏离度的贡献率增加，是贡献结构偏离度的主力军，这主要是因为第一产业增加值比重相对就业人口比重一直过高，说明第一产业劳动生产率仍然很低，在吸纳就业人口方面，一定程度上担当起就业人口储水池的角色，存在很大的劳动力转出的空间。反观第二产业，从改革开放以来结构偏离度呈显著下降趋势，偏离度贡献度也急速下降，偏离度在2009年出现了负值，这说明，第二产业就业结构三十多年来逐渐合理，自身调整也导致短暂出现了就业人口转出的压力，接受其他劳动者转移的空间有限。进一步分析，第三产业结构偏离度三十多年来变化总体稳定，一直保持在正值，但对总体结构偏离度的贡献稳步增加，劳动生产率显著提高，成为接受大量就业人口转移的产业，显示出承接较大劳动

---

① 偏离度是三次就业产业结构偏离数的绝对值之和，三次就业产业偏离度计算公式为：（某次产业增加值构成比/某次产业就业人口比重）-1，偏离度数值越大，说明该产业的劳动生产率越高。如果同产业增加值比重与就业人口比重越接近，计算所得的偏离度数值越小，否则就越大。

力转出空间,但是由于教育质素和技能水平等壁垒限制,就业人口产业间转移受到阻碍,致使其结构偏离度一直保持稳定。

表4-1　1978—2014年珠三角三次产业的就业产业结构偏离度变化趋势

年份	总体偏离度	各产业偏离度			对偏离度的贡献率(%)		
		第一产业	第二产业	第三产业	第一产业	第二产业	第三产业
1978	1.41	-0.46	0.74	0.21	33	52	15
1990	1.32	-0.57	0.26	0.49	43	20	37
1995	1.34	-0.71	0.44	0.19	53	33	14
2000	1.27	-0.79	0.22	0.26	62	17	20
2005	1.12	-0.79	0.03	0.3	71	3	27
2006	1.14	-0.84	0.13	0.17	74	11	15
2007	1.09	-0.81	0.02	0.26	74	2	24
2008	1.07	-0.81	0.02	0.24	76	2	22
2009	1.12	-0.82	-0.02	0.28	73	2	25
2010	1.19	-0.8	-0.07	0.32	67	6	27
2011	1.18	-0.79	-0.08	0.31	67	7	26
2012	1.12	-0.79	0.03	0.30	71	3	27
2013	1.23	-0.79	-0.11	0.33	64	9	27
2014	1.18	-0.79	-0.10	0.29	67	8	25

数据来源:历年长江和珠江三角洲及港澳特别行政区统计年鉴以及珠三角各市历年统计年鉴。

衡量人力资本变动与产业调整匹配程度,也许用人才结构偏离度[①]指标更加合适,这个指标更能反映人力资本是否与产业结构调整发展的内在需要协调以及通过这种匹配度的变动趋势

---

① 经修正后的计算公式如下:产业人才结构偏离度 = (产业增加值构成比/专业人才产业构成比) -1

反映二者的互动关系。表4-2展示了1999—2007年广东省三大产业人才结构偏离度变动及趋势,① 广东省产业人才结构偏离度自1999年以来总体呈现逐步下降的趋势,这意味着专业人才的产业分布总体朝着更为合理的方向发展,但是又分别在2001年、2002年、2007年出现了相反的情况,这说明专业人才和产业结构的匹配状况随着经济形势变化也会出现阶段性特征。

进一步来说,第一产业结构偏离度与第二产业结构偏离度相比,显示出较大的正值,虽然呈现出下降的趋势,但也一直维持在高位,从1999年的4.63到2007年的3.18。并且对总体偏离度的贡献率也是居高不下,从1999年的75.79%到2007年的75.08%,这些都强烈地说明了,第一产业非常缺乏相关专业人才,专业人才数量与第一产业发展需求并不匹配,并且在近十年发展中这种情况并无多大改善。同时,相对于第一产业,第二产业结构偏离度虽较小,但一直保持大致不变的负值,并且对人才结构偏离度的贡献是仅次于第一产业的,这说明第一产业实质上对相关专业人才的需求是略小于供给的,并且这种趋势并未改变。反观第三产业,虽然持续为正值但绝对值都较小,对总体人才结构偏离贡献长年维持在低位。综上所述,专业人才与产业调整的匹配程度整体表现较差,随时间变化有所改善但也有所反复,不同产业间的匹配程度表现出较大差异。更深层次的是,第一产业的专业人才最为紧缺,第三产业次之,而第二产业则情况稍为乐观。这些情况有些令人意外但也符合事实,虽然第三产业内部结构越来越高端化,比较劳动生产率也较高,对专业人才需求量较大,但是专业技能、受教育水平等门槛限制了专业人才的流入。

---

① 由于统计数据只对广东省1999—2007年专业人才分布有所记录,但是本文认为广东省整体的数据与珠三角地区人才分布有一定关联性和指导意义。

表4-2　1999—2007年广东省三大产业人才结构偏离度变动及趋势

年份	偏离度	各产业偏离度			对偏离度的贡献率（%）		
		第一产业	第二产业	第三产业	第一产业	第二产业	第三产业
1999	6.11	4.63	-1.07	0.41	75.79	17.48	6.73
2000	4.77	3.38	-1.03	0.36	70.79	21.60	7.61
2001	5.24	3.80	-1.06	0.37	72.60	20.28	7.12
2002	5.82	4.45	-1.00	0.37	76.53	17.17	6.31
2003	5.55	4.14	-1.15	0.26	74.60	20.64	4.76
2004	4.77	3.60	-0.96	0.21	75.38	20.14	4.48
2005	4.93	3.77	-0.95	0.21	76.45	19.30	4.25
2006	3.56	2.40	-0.96	0.20	67.25	27.07	5.69
2007	4.24	3.18	-0.88	0.18	75.08	20.74	4.19

数据来源：根据《中国统计年鉴》（2000—2008）、《广东统计年鉴》（2000—2008）计算。

可以用等级位差指标[①]来进一步具体行业部门就业与产业的匹配程度。如表4-3所示，珠三角就业人口结构与产业结构的协调性在各产业间存在极大的差异。总的来说，在生产率较为低下的农林牧渔业，行业等级位差+5，这表明该行业部门吸纳了大量人力资本较为低下的就业人口，因为劳动力转出存在各种障碍以及行业内专业人才的缺乏，造成了该行业产值排名较低、吸纳就业数目排名较高这样一种行业与就业极不协调的情况。传统行业例如制造业，建筑业，交通运输、仓储和邮政业，批发零售业行业中等级位差都比较小，就业结构与行业结构基本匹配，属于基本匹配型行业，但是对于一些现代服务业来说则表现出另外一番景象，金融业和房地产业产值等级

---

① 具体的计算公式是：行业等级位差 = 行业产值在GDP中的贡献排名 - 行业结构中就业人口数量排名

排位分别处于第3、4位,但是就业数目排位却分别达到第7、8位,行业等级位差都为-4,这说明,在现代服务业这种充满竞争并且需要大量高端领域人才的行业,不仅意味着高的比较生产率,而且就业人员需求有较大的缺口,就业人员供应不足,但同时这些行业在就业人员流入的环节设置各种有形无形的障碍来阻碍就业人员流入。总之,因为总体人力资本结构的失调,才使一些代表未来发展方向的主导产业一直处于人员供求失调的情形当中。

表4-3 2010年珠三角主要行业的行业等级位差指标

项目	2010年增加值(亿元)	2010年就业所占比重(%)	产值等级排位	就业数目排位	等级位差
农林牧渔业	809.78	9.49	8	3	5
制造业	17223.20	50.73	1	1	0
建筑业	1090.29	3.17	6	6	0
交通运输、仓储和邮政业	1587.11	3.26	5	5	0
批发零售业	3888.17	14.29	2	2	0
住宿和餐饮业	973.88	4.16	7	4	3
金融业	2584.47	2.65	3	7	-4
房地产业	2403.06	2.49	4	8	-4

数据来源:第六次人口普查资料和《广东统计年鉴》(2011)。

珠三角各市内部结构偏离度存在较大差异,2000年,深圳和珠海结构偏离度较小,体现了其人力资本和产业之间较为协调,而惠州与江门是偏离度最大的地区,总体结构偏离度分别达到了1.9145与1.5515。但近十几年来,珠三角的各地区结构偏离度发生了较大变化,并且各地区的差异在逐渐拉大。

珠三角地区中，与 2000 年相比，2014 年仅佛山和惠州二市的结构偏离度减小，在 2014 年分别为 0.6885、1.0909，就业结构与产业结构匹配程度逐渐变得更为合理。而广州、深圳、珠海、江门、肇庆、东莞和中山的结构偏离度与 2000 年相比均有所增大，在 2014 年分别达到 1.0662、1.2171、0.6880、1.5704、2.2866、1.5264、1.1735。综上所述，珠三角地区虽然总体结构偏离度有所减小，产业就业结构匹配程度趋于合理，但是许多市出现相反的趋势，致使各市间的结构偏离度差距拉大。

表 4-5　珠三角各市产业就业结构偏离度变化趋势

地区 年份	广州	深圳	珠海	佛山	江门	肇庆	惠州	东莞	中山
2000	0.6121	0.4831	0.5214	0.7101	1.5515	1.3645	1.9145	0.7251	1.1567
2014	1.0662	1.2171	0.6880	0.6885	1.5704	2.2866	1.0909	1.5264	1.1735

数据来源：《广东统计年鉴》(2001)、(2015)。

二　比较劳动生产率变动趋势和产业就业弹性分析

钱纳里、塞尔奎因 1981 年在分析了多个国家就业人口和产业结构的关系后提出了一个比较劳动生产率①变动的一般趋势（见表 4-5）。2014 年珠三角地区人均 GDP 大致相当于塞尔奎因、钱纳里模式变动趋势中 2000—4000 美元的阶段。对比结果发现（见表 4-6），珠三角地区第一产业比较劳动生产率从 1990 年开始总体下降趋势明显，到 2014 年远低于对应趋势值，说明从第一产业转出劳动力的速度低于第一产业产值比重下降的速度，比较劳动生产率变低；第二产业比较劳动生产率也出现类似的情况，在 2014 年的比较劳动生产率为

---

① 比较劳动生产率 = 某产业增加值占 GDP 比重/某产业从业人员比重

0.90，显著低于一般趋势值1.7，这可能与珠三角地区制造业比重较大仍为劳动密集型产业有着较大的关系；第三产业比较劳动生产率则整体呈上升趋势，在2014年为1.29，高于一般趋势值1.13。

实质上，这意味着珠三角地区第一、二产业目前仍然生产率较低，劳动力仍大量集中在生产率并不高的产业部门，劳动力需要进一步向生产率更高的第三产业部门转移。

表4-5　　　　钱纳里、塞尔奎因产业就业关系一般趋势

	人均GDP（美元）	产业产值构成（%）			就业构成（%）			劳动相对生产率		
		一	二	三	一	二	三	一	二	三
钱纳里—塞尔奎因模式（1989）①	<300	48	21	31	81	7	12	0.59	3	2.58
	300	39.4	28.2	32.4	74.9	9.2	15.9	0.53	3.07	2.04
	500	31.7	33.4	34.6	65.1	13.2	21.7	0.49	2.53	1.59
	1000	22.8	39.2	37.8	51.7	19.2	29.1	0.44	2.04	1.3
	2000	15.4	43.4	41.2	38.1	25.6	36.3	0.4	1.7	1.13
	4000	9.7	45.6	44.7	24.2	32.6	43.2	0.4	1.4	1.03

表4-6　　　珠三角地区三次产业比较劳动生产率的变动趋势

产业 年份	第一产业	第二产业	第三产业
1990	0.43	1.26	1.49
1991	0.42	1.43	1.25
1992	0.41	1.27	1.19
1993	0.38	1.31	1.12

---

① Syrquin and Chenery, "Three Decades of Industrialization", *The World Bank Economic Reviews*, 1989, Vol. 13, pp. 1152-1531.

续表

产业 年份	第一产业	第二产业	第三产业
1994	0.38	1.37	1.06
1995	0.29	1.44	1.19
1996	0.3	1.4	1.18
1997	0.29	1.43	1.14
1998	0.27	1.41	1.18
1999	0.27	1.2	1.31
2000	0.21	1.22	1.26
2001	0.2	1.26	1.31
2002	0.24	1.17	1.25
2003	0.24	1.14	1.25
2004	0.23	1.09	1.26
2005	0.21	1.03	1.3
2006	0.16	1.13	1.17
2007	0.19	1.02	1.26
2008	0.19	1.02	1.24
2009	0.18	0.98	1.28
2010	0.2	0.93	1.32
2011	0.21	0.92	1.31
2012	0.21	0.90	1.34
2013	0.21	0.89	1.33
2014	0.21	0.90	1.29

数据来源：根据历年《广东统计年鉴》整理。

也可以用产业就业弹性来分析人力资本同三次产业匹配程度。所谓就业弹性是衡量经济增长引起就业增长的一个指标，即某一时期内就业人口的变化率与产值变化率之比。而产业就业弹性则是该产业就业人口变化率与该产业产值之比。总体就业弹性越高，则证明产业间的人力资本配置并不合理，需要就业人口的产业大量转移，所以被视为越不匹配。若就业与产业产值变动方向一致,则产业就业弹性为正值,说明产值增长对就业有"吸收效应";相反的,若就业弹性为负值,则说明产值增长对就业有"挤出效应"。2011年珠三角地区三次产业就业弹性系数分别为 -2.42、3.44和5.88(见表4-7)。

表4-7　　　　珠三角地区三次产业就业弹性变化趋势

年份	第一产业	第二产业	第三产业	合计
1991	10.39	5.7	0.25	3.35
1992	-0.98	9.92	8.98	16.48
1993	-4.99	12.04	9.02	32.57
1994	-16.12	9.67	13.4	22.41
1995	-3.61	7.93	4.07	14.13
1996	-11.58	2.92	2.9	4.54
1997	-3.81	3.64	3.09	5.97
1998	0.84	0.98	0.9	1.26
1999	-1.46	1.89	1.73	2.47
2000	3.87	7.79	9.75	12.05
2001	-9.97	-0.21	4.54	4.12
2002	-7.05	2.27	0.81	2.1
2003	-1.22	1.31	5.2	2.06
2004	-1.58	3.44	3.73	5.35
2005	-0.4	0.77	1.22	0.98
2006	-2.56	-1.86	2.39	5.44
2007	-3.19	0.77	3.26	1.53
2008	-6.2	7.15	2.95	5.08
2009	-2.84	2.12	3.87	3.96
2010	-2.24	1.06	2.87	1.7
2011	-2.42	3.44	5.88	4.88

数据来源:根据历年《广东统计年鉴》计算。

1991—2011年，第一产业就业弹性在较多的年份里表现为负值，劳动力明显过剩，对劳动力呈现出明显的挤出效应，但同时表现为绝对值减小的趋势，这表明第一产业就业人口减少会造成产出增加，第一产业就业人口具备向其他产业转移的空间，但空间不是无限的。第二产业接收第一产业的产业转移的趋势非常明显，但是第二产业就业弹性整体呈下降趋势，说明虽然有吸收就业人口的空间，但随着产业结构的调整和产值增长的减速，日趋饱和。第三产业在大部分年份中都呈现出正值，且维持在高位，在2011年明显高于第二产业就业弹性，这是令人十分担忧的，因为第三产业吸收就业的能力虽然巨大且比较生产率高于趋势值，但是由于受教育程度与技能的限制严重妨碍了产业间就业人口的转移，使目前的这种产业结构与人力资本结构的不匹配情况得以维持。

总体产业就业弹性虽然呈现出走低的趋势，但是值得注意的是，在近十年间，产业弹性的数值不断出现反复，这说明人力资本与产业结构的匹配程度并没有朝着理想的方向前进，而这种协调度的表现直接导致了目前人力资本结构与产业结构调整的迟滞。

（二）人力资本结构发展与产业结构调整相关关系

本节采用系统GMM方法，使用珠三角九个城市1990—2014年的数据构建模型，实证分析了珠三角人力资本结构发展与产业结构调整的相关关系。实证结果表明：人力资本分布结构对三次产业有不同的影响；人力资本内部结构对于第一产业和第二产业的劳均增加值有显著影响，而对第三产业影响并不显著。人均受教育年限作为人力资本的代理变量，其回归结果表示全面提升各产业从业人员的人力资本的重要性，尤其是对于第一产业和第二产业。

一 理论框架

根据 Mankiw – Romer – Weil（1992）的模型框架，以及在姚先国等（2008）的工作基础上，构建以下模型：

$$\Delta\log(y_{it}) = \beta_y\log(y_{it-1}) + \beta_h\log(G_{it}) + \beta_\theta \theta_{it} + \eta_t + \varepsilon_{it} \qquad (1)$$

$$\Delta\log(y_{it}) = \omega_y\log(y_{it-1}) + \sum \omega_j\log(HC^j_{it}) + \omega_\theta \theta_{it} + \eta_t + \varepsilon_{it} \qquad (2)$$

参照 Amin 和 Matto（2004）的做法，上述模型中"产业结构"指标并未选择某一产业增加值比重来衡量，而是以人力资本分布结构、内部结构对三次产业分别进行回归，通过考察各个核心变量对不同产业（包括不同地区）的影响程度来分析人力资本异质性和结构合理程度对三次产业不同的影响。i、t 分别代表第 i 市和第 t 年，$\log(y)$ 为各市三次产业劳均增加值的对数，而 $\log(G)$、$\log(HC)$ 分别为人力资本基尼系数对数和人力资本结构对数；θ 则为一组控制变量，包括基础设施、贸易开放程度、城市化程度、城乡收入差距和政府支出等；β 和 ω 分别是各变量的系数，ε 是随机扰动项。同时用三次产业劳均增加值的滞后项来控制初始条件的影响，用 η 控制各市固定效应对产业的影响。

本文采用的动态面板数据方法，由 Arellano 和 Bond（1991）提出。这是一种广义矩估计方法（Generalized Method of Moments，GMM），即 DIF – GMM 估计（First Diffe – Renced GMM）。该方法的基本思路是先对原式求差分，然后用一组滞后的解释变量作为差分方程中相应变量的工具变量。Caselli 等（1996）最早应用这一方法估计了增长回归方程。然而，Blundell 和 Bond 等（1998）通过进一步研究认为，DIF – GMM 估计量较易受弱工具变量的影响而产生有限样本偏差（Finite Sample Bias）。为克服这一问题，Arellano 和 Bover（1995）以及 Blundell 和 Bond 提出了另一种 GMM 估计量，即 SYS – GMM 估计量（system –

GMM)。SYS-GMM 估计量对差分方程和水平方程做了结合，此外还增加了一组滞后的差分变量作为水平方程相应工具变量。相对来说，SYS-GMM 估计量具有更好的有限样本性质。本文将主要报告分析 SYS-GMM 的估计结果。根据权重矩阵的不同选择，GMM 估计可分为一步法（one-step）和两步法（two-step）估计，本文分别计算并报告分析结果。

二 数据来源

本文以珠三角九市[①]为研究样本，数据为 1990—2014 年，时间跨度为 25 年。参照 Islam（1995）等文献的方法，同时考虑到样本的规模，我们将 25 年划分为 5 个区间，即 1990—1994 年、1995—1999 年、2000—2004 年、2005—2009 年、2010—2014 年。各变量均取 5 年平均值，这样做的好处之一是可以减小人力资本变量的测量误差，同时对于其他变量来说，可以在一定程度上避免商业周期对估计的不利影响。

所使用的原始数据来自第三次、第四次和第五次的《广东省人口普查资料》，中国经济与社会发展统计数据库以及因为部分数据缺漏、部分数据统计口径不一致、不准确而参考历年《中国城市统计年鉴》、《广东统计年鉴》、长江和珠江三角洲及港澳特别行政区统计年鉴以及各市统计年鉴。

三 变量说明及描述性统计

劳均增加值（$y1$，$y2$，$y3$）：珠三角地区各市第一、二、三产业人均增加值，使用各产业增加值除以相对应的劳动人口计算得到生产总值。产业划分主要依据 2000 年的行业标准，对前

[①] "珠三角"地区概念始于 1994 年，其总体地区涵盖范围以及几市内部行政区域都经历过调整，以现行政区域为准，同时对区域调整前的数据进行合并与删减，确保统计口径一致。

后相关数值做了相应调整计算。

平均受教育年限：许多文献将平均受教育年限（avedu）来代理人力资本。为方便比较，本文也将其纳入模型中。相仿，小学升初中的辍学率也一并加入。

人力资本内部结构（HC）：将各产业从业人员的受教育水平分为小学及以下、初中、高中、大学及以上4个层级。$HC1$、$HC2$、$HC3$、$HC4$ 依次表示该产业从业者每万人中受初等教育（小学及以下）人数、受初中教育人数、受高中教育和受高等教育（大学及以上）人数。

控制变量：用财政支出占生产总值比重来表示政府支出规模（Government）；基础设施（Infrastructure）用人均道路面积表示；城乡收入差距（Inequality）是指城乡人均可支配收入之比；城市化程度（Urban）用非农业人口占总人口比重来表示；贸易开放度（Trade）为当年的地区贸易进出口总额比地区生产总值的数值。

从表4-8的基本变量的统计性描述分析中，可以发现第三产业的劳均增加值略高于第二产业，显著高于第一产业。第一产业的从业者受教育水平主要以小学水平和初中水平为主，第二产业的从业者受教育水平主要以初中水平和高中水平为主，第三产业的劳动力受教育水平分布较均匀，中等水平和高等水平教育从业者居多。

表4-8　　　　　　　　基本变量的统计性描述

变量	变量解释	观察值	均值	标准差	最小值	最大值
Agric	农业劳均增加值	45	2681.38	5079.51	348	34150
A-HC1	农业初等教育人力资本	36	4684.11	873.74	3064	6047
A-HC2	农业初中教育人力资本	36	4527.19	735.07	3359	6228

续表

变量	变量解释	观察值	均值	标准差	最小值	最大值
A-HC3	农业高中教育人力资本	36	715.78	196.87	386	1082
A-HC4	农业高等教育人力资本	36	72.81	111.86	4	588
A-avedu	农业平均受教育年限	36	7.86	0.35	7.37	8.82
Indus	工业劳均增加值	45	6217.11	4394.92	921.00	17054
I-HC1	工业初等教育人力资本	36	1588.83	643.51	503.00	2801
I-HC2	工业初中教育人力资本	36	5846.81	559.34	4779.00	7088
I-HC3	工业高中教育人力资本	36	2056.11	349.89	1606.00	3165
I-HC4	工业高等教育人力资本	36	508.08	291.37	197.00	1336
I-avedu	工业平均受教育年限	36	9.50	0.44	8.85	10.67
Service	服务业劳均增加值	45	7093.71	5183.62	819	20961
S-HC1	服务业初等教育人力资本	36	1398	486.53	558	2223
S-HC2	服务业初中教育人力资本	36	4056.75	469.10	3375	5453
S-HC3	服务业高中教育人力资本	36	2909.86	363.65	2111	3460
S-HC4	服务业高等教育人力资本	36	1635.25	620.65	562	3028
S-avedu	服务业平均受教育年限	36	10.60	0.59	9.46	11.77
droprate	小升初辍学率	45	3.92	3.45	0.00	15.24
Urban	城市化程度	45	0.58	0.25	0.19	1.00
Government	政府支出	45	8.50	2.92	3.60	15.28
Infrastructure	基础设施建设	45	14.46	12.26	1.50	54.37
Inequality	城乡收入差距	45	2.15	0.80	0.00	3.58
Trade	贸易开放度	45	1.51	1.36	0.00	5.88

由表4-9可知,珠三角地区25年间,劳动力逐渐由第一产业转移到第二产业和第三产业。

表4-9　　　　　　　　珠三角各产业从业人员占比　　　　　　　　单位：%

产业 年份	第一产业	第二产业	第三产业
1990	0.39	0.34	0.27
2000	0.23	0.39	0.38
2005	0.15	0.49	0.36
2010	0.11	0.49	0.40
2014	0.09	0.50	0.41

数据来源：根据历年《广东统计年鉴》计算。

1. 回归结果分析

本文将社会总产出按照三次产业划分，并对应各自产业的从业人员计算得到各产业的劳均增加值。从各产业的劳动者的受教育水平着手分析各产业生产率增加的源泉与该产业的人力资本的相关程度。区分了第一、二、三产业以及各自产业对应的就业者的受教育情况，将劳动力市场划分为三个分市场。做这样的区分，主要原因是用整个市场的劳动力素质对各个产业进行回归是不合理的，工业部门和服务业部门存在一定的行业进入门槛。

本文对于人力资源的多个代理变量，如各级人力资本、教育基尼系数、受教育年限以及小升初辍学率进行研究，其中教育基尼系数和小升初辍学率结果相关性和显著性都不大，略去不予陈述。本文主要分析了四级人力资本和受教育年限对于各个产业劳均增加值的增长，回归结果如表4-10所示。

表4-10　各级人力资本对于各产业劳均增加值的回归结果

因变量：$\Delta\log(y) = \log(y_{it}) - \log(y_{it-1})$

自变量	模型1 (one step dif-GMM)			模型2 (one step sys-GMM)			模型3 (two step sys-GMM)		
ln(HC1)	-4.739***	0.523	-1.305**	-4.949***	-0.131	-1.184***	-1.838***	0	0
	-1.496	-1.358	-0.583	-0.959	-0.21	-0.449	-0.512	0	0
ln(HC2)	-8.261***	-0.434	1.436	-5.307***	-1.145*	0.715	-1.219***	2.487**	-0.18
	-2.596	-2.868	-1.238	-1.154	-0.618	-0.869	-0.39	-1.144	-1.044
ln(HC3)	-0.184	-1.786	-0.812	-0.371	-1.502*	-1.243	4.563***	-4.252**	-1.443***
	-1.034	-1.258	-0.991	-0.352	-0.789	-0.834	-1.062	-2.083	-0.423
ln(HC4)	0.603	1.525*	-0.578	0.234**	0.859***	-0.576	-0.779***	4.288**	3.005*
	-0.429	-0.741	-0.744	-0.102	-0.205	-0.435	-0.346	-1.799	-1.785
Urban	-0.844	-1.845	1.125	-0.247	-0.423	1.426***	0	-5.901**	-1.39
	-0.91	-1.394	-0.775	-0.454	-0.294	-0.549	0	-2.676	-1.486
Government	0.0129	-0.0173	0.0525*	0.00525	-0.0111	0.0319***	-0.00438	-0.0838*	-0.0484
	-0.0434	-0.041	-0.0262	-0.0184	-0.0175	-0.0095	-0.0155	-0.0453	-0.0621

续表

因变量：$\Delta \log(y) = \log(y_{it}) - \log(y_{it-1})$

自变量	模型1 (one step dif-GMM)			模型2 (one step sys-GMM)			模型3 (two step sys-GMM)		
Infrastructure	-0.0113	0.000831	0.00254	-0.00394	-0.00531*	-0.0110**	-0.00378	0.0227	-0.00384
	(-0.0152)	(-0.0293)	(-0.0101)	(-0.00362)	(-0.00278)	(-0.00442)	(-0.00351)	(-0.015)	(-0.00389)
Inequality	-0.499***	-0.148	-0.0976	-0.190***	-0.0236	-0.0989	-0.00852	0.304*	-0.194*
	(-0.162)			(-0.0621)		(-0.0649)	(-0.0925)	(-0.176)	(-0.11)
trade	0.0827	-0.0404	0.0361	0.0319	0.122***	0.0256	0.101***	0.0741*	0.316
	(-0.154)	(-0.189)	(-0.105)	(-0.028)	(-0.0345)	(-0.0344)	(-0.0289)	(-0.0383)	(-0.195)
log(Agric)	0.264			-0.342***			-0.119		
	(-0.417)			(-0.0875)			(-0.23)		
log(indus)		-0.287			-0.486***			-1.396***	
		(-0.938)			(-0.134)			(-0.436)	
log(serve)			-0.883***			-0.739***			-0.874*
			(-0.174)			(-0.226)			(-0.484)

续表

自变量	模型1 (one step dif-GMM)			模型2 (one step sys-GMM)			模型3 (two step sys-GMM)		
Constant				91.41***	21.92*	22.5			
				−19.43	−11.69	−18.97			
AR1	0.029	0.451	0.165	0.308	0.889	0.18	0.018	0.101	0.379
AR2	0.909	0.131	0.714	0.64	0.111	0.977	0.034	0.008	0.526
Sargan test of overid	0.287	0.016	0.298	0.06	0.011	0.127	0.06	0.011	0.127
样本量	27	27	27	36	36	36	36	36	36

注：***、**、* 分别表示1%、5%和10%的显著性水平。以上报告了一步法的difference-GMM 和 system-GMM 以及两步法的system-GMM 估计结果。所有回归中，我们将上期的产业均劳动值增加视作内生变量。Sargan 检验是针对 SYS-GMM 中额外的工具变量的有效性，原假设这些工具变量有效。AR1 和 AR2 分别为一阶和二阶序列相关检验。

由表 4-10 模型回归结果，我们不难发现：

第一，就第一产业而言，较低的人力资本（受初中教育及以下的劳动从业人员）对该产业增加值的增长并没有促进作用，也没有抑制作用。1990 年年初，珠三角地区第一产业从业人员中受教育水平为小学及以下的占比 63%，受初中教育水平的从业人员占比为 30%。而当时第一产业从业人员占总劳动市场的 39%。从就业结构看，珠三角地区依然以农业为主。而到了 2000 年，第一产业从业人员占劳动市场下降至 11%，2014 年该值为 9%。与此同时，第一产业劳动力受教育水平不断提升。第一产业从业人员中受小学及以下教育的从 1990 年的 63% 下降到 2010 年的 36%，受高中及以上教育的从 1990 年的 6% 上升至 2010 年的 10%。第一产业的产值增加不仅仅依赖土地劳动力和资本，更依赖中高级的人力资本。

第二，就第二产业而言，三个模型的计算结果都表示，高等教育对其劳均增加值的增长有显著性的正影响，但受高中教育对工业增加值的影响却都是负影响。从模型 3 的计算结果可以发现，工业部门对劳动力的要求趋向两极化，受初中教育的对其增长有显著正作用，系数 2.487 在 5% 的显著性水平上显著，而受高中教育的却只有 -4.252，受大学及以上教育的为 4.288。换言之，每年的工业劳均增加值的增长贡献来源于具备初中教育水平和大学教育水平的人力资源，工业部门需要的是高水平高技术的人才或者是满足简单工业操作的中等人力资源。这对于那些进入职业技术学校的未来劳动力而言，应当提升他们的专业技能，受教育从中专向大专过渡，提升自己的人力资本。

第三，就第三产业而言，初级人力资本对其有显著的负作用，高级人力资本的系数在不同模型中有正有负，显著程度偏弱。这或许是因为在第三产业中，不仅有偏低端的交通运输、仓储和邮政业以及批发零售业、住宿和餐饮业，也有偏高端的金融、保险业和教育、文化艺术及广播电影电视业。第三产业主要是服务业，类别众多，不同行业对人力资本的需求各不相同。总体而言，从人均受教育年限来看，第三产业的劳动者人力资本比工农业都高。

以人均受教育年限作为人力资本的代理变量进行回归，得到以下结果，见表4-11。可见，平均受教育年限对于第一产业和第二产业都是显著的。无论是农业部门还是工业部门，受教育年限越高，劳动者的人力资本积累得越多，从而人均生产效率也越高，且第二产业比第一产业更加需要高人力资本的劳动者。至于第三产业，人均受教育年限的回归结果为正，但并不显著，具体原因有待进一步研究。

表4-11　人均受教育年限对于各产业劳均增加值的回归结果

自变量	因变量：$\Delta\log(y) = \log(y_{it}) - \log(y_{it-1})$		
	$\Delta y1$	$\Delta y2$	$\Delta y3$
avedu	1.180**	1.594***	0.386
	(0.574)	(0.568)	(1.105)
urban	0.920	-1.173	0.372
	(0.589)	(0.874)	
govep	0.0294	-0.0255	-0.00926
	(0.0434)	(0.0248)	(0.0753)
infra	-0.000961	-0.00809*	-0.0167
	(0.00648)	(0.00441)	
inequality	-0.216**	0.176*	-0.0993
	(0.100)	(0.0922)	(0.270)
trade	0.166*	0.0552***	0.180
	(0.0879)	(0.0208)	(0.163)

续表

	因变量：Δlog（y）= log（yit）- log（yit-1）		
L.lna	-0.962***		
	(0.320)		
L.lni		-0.859***	
		(0.195)	
L.lns			-0.0549
			(0.550)
Constant	-2.637	-6.928*	-3.079
	(3.042)	(3.575)	(6.861)
Observations	36	36	36
Number of ID	9	9	9

注：***、**、*分别表示1%、5%和10%的显著性水平。

下面就一系列的控制变量对各产业劳均增加值进行分析，结论主要如下。

首先，城乡收入差距对第一产业劳均增加值有显著的副作用（模型1和模型2中，inequality的系数在1%的显著水平上显著为负，分别为-0.50和-0.19，模型3中系数也为负值）。可见，提高农村居民的可支配收入减少城乡收入差距对于提高第一产业劳均增加值颇有意义。

其次，在多个模型方程中，贸易开放程度（trade）对于第二产业劳均增加值有较显著的促进作用。珠三角改革开放后20年的制造业快速发展和出口加工贸易关系密切。改革开放初期，深圳和东莞的进出口总额是当地GDP总值的3—5倍；随着开放程度的不断加深，珠海、中山、惠州的贸易开放程度也不断提高。这几个地区走在珠三角工业化发展的前端，如今较好地推动产业升级。尤其深圳，以创新和高科技为着力点，推动经济发展获得了瞩目的成就。

再次，城市化程度、基础建设完善程度以及政府支出都从侧面反映出一个地方的经济发展情况，这些因素如何作用于各产业劳均增加值的提高有待于进一步建模研究发现。

2. 本节结论

综合前文所述，在珠三角地区20多年的发展历程中，各地的人力资本不断积累，产业结构从"一二三"先转变为"二三一"，如今更有向"三二一"转变的趋势。九年义务教育广泛普及，广东省的文盲率从90年代的10.45%下降到2010年的1.96%。劳动者从以受初等教育为主体到如今受中等教育为主。虽然劳动者的人力资本在不断提高，但是产业结构的升级先于劳动力。

本文对于人力资源的多个代理变量，如各级人力资本、教育基尼系数、受教育年限以及小升初辍学率进行研究，其中教育基尼系数和小升初辍学率的相关性和显著性都不大，略去不予陈述。本文主要分析了四级人力资本和受教育年限对于各个产业劳均增加值的影响。

从前文的实证分析可以发现，现有以初等人力资本为主的第一产业需要更高的人力资本，原来的粗放式的耕种模式有望提升到精细化耕作，从前的农贸市场销售渠道通过"互联网+"可以走出本地，走向全国，从而更好地提高第一产业的劳均增加值。至于第二产业，劳动力需求出现分化，中等人力资本和高等人力资本都是推动高效率的源泉。工厂中高中文化程度的打工者应当提升自己的人力资本，不然，从某个意义而言，受高中教育水平的工人比起受初中教育水平的工人对于提高工业劳均增加值并不具备优势。对于第三产业猜测，由于服务业内部有多种劳动力素质差别大的产业类别，我们的模型回归结果并未提供一个确切的证据。

三个产业中，就从业者的人均受教育水平而言，三个产业依次分别为7.86年、9.50年和10.6年,第一、第二和第三产业有明显差距。以人均受教育年限作为代理变量分析可得,相比于第二、第三产业,人力资本对于第一产业的劳均增加值有更显著更大的作用。

本文的研究需要后期改进的地方有,将第三产业的产业区分为高端和低端两类。理论告诉我们,高端服务业需要更多的管理人才和专业化人才,对高级人力资本需求甚大,如何从实证研究中用数据发现这个需求以及度量高端产业和高端人力资本的不匹配是下一步研究的重点。本文的实证结果是初步而粗糙的,但这并不妨碍其启示性——当前而言,人力资本是落后于产业升级的步伐的,存在部分劳动力资源错配状况,在全面升级人力资本的同时应提高第一产业的劳动者素质,加大力度培养高级人力资本。

本章小结

本章从就业—产业结构偏离度分析发现,珠三角地区结构偏离度呈现总体下降的趋势,产业结构与就业结构不协调状况得到改善。从人才结构偏离度分析发现,第一产业非常缺乏相关专业人才,第三产业次之,而第二产业则情况稍为乐观。从比较劳动生产率看,珠三角地区第一、第二产业目前仍然生产率较低,劳动力仍大量集中在生产率并不高的产业部门,劳动力需要进一步向生产率更高的第三产业部门转移。从产业就业弹性分析发现,总体产业就业弹性虽然呈现出走低的趋势,但产业弹性的数值不断反复,可见人力资本与产业结构的匹配程度并没有朝着理想的方向前进,而这种协调度的表现直接导致了目前人力资本结构与产业结构调整的迟滞。本章采用系统GMM方法,使用珠三角地区九市1990—2014年的数据构建模型,实证分析了珠三角人力资本结构发展与产业结构调整的相关关系。实证结果表明：人力资本分布结构对三次产业有不同的影响；人力资本内部结构对于第一产业和第二产业的劳均增加值有显著影响，而对第三产业影响并不显著。人均受教育年限作为人力资本的代理变量，其回归结果表示全面提升各产业从业人员的人力资本的重要性，尤其是对于第一产业和第二产业来说。

五 劳动力市场雇用关系的演化及影响因素

本章利用跨度为二十年（1988—2007年）的微观统计数据，分析我国城镇地区雇用关系在经济转型时期从单一固定工向多元灵活雇用关系转变的过程。本章将我国城镇地区的雇用关系分成四种类型，探讨了雇用关系构成从1988年到2007年的变动、导致变动的影响因素，以及各种因素的相对重要性。

（一）引言

  劳动力市场深化的过程往往带来劳动力市场灵活性的上升。在宏观层面，灵活性指企业可以根据外部经济冲击或劳动力市场变化对雇用数量和工资水平做出快速调整，被称为外部灵活性；在微观层面，灵活性指企业内部工作和岗位之间低成本的转化，被称为内部灵活性。雇用关系连接了宏观劳动力市场制度、企业雇用管理制度和微观经济主体，与工人的工作类型、议价能力和个体特征相关。雇用关系构成的动态变化反映了劳动力市场制度和管理模式的转型（Baron等，1988；Abbott，1993；Kalleberg，2008）。不同的雇用关系中，合约期限越长，企业的调整灵活性越低，工人的就业稳定性越高；合约期限越短，企业调整灵活性增加，工人的流动性也提高。
  从全球范围看，劳动力市场中的雇用合约期限呈现出缩短的趋势，劳动力市场的灵活性显著增强；兼职、临时工、自我雇用等灵活就业形式比例提高（Kunda et al.，2002）。20世纪70年代以来，发达工业化国家不稳定雇用关系增长速度快（Kalleberg，2008）；发展中国家经历了非正规就业平稳快速的上升过程（ILO，2002）；中东欧、中亚的转型国家也经历了劳动力市场灵活性增强和非正规化的过程（卡则斯和纳斯波洛娃，2005）。有关我国劳动力市场的研究发现，非正规就业的比重逐年增加，尤其在新兴部门非正规就业比重高达85%，且非正规就业对城镇新增就业贡献率逐年增大（胡鞍钢和赵黎，2006；吴要武和蔡昉，2006）。

改革开放以来，随着我国从计划经济向市场经济转型，政府逐步放松对资源配置的管制，依靠行政指令配置劳动力资源的方式逐渐被劳动力市场机制所取代。在过去三十年左右的时间里，我国的劳动力市场经历了从诞生、发育到逐步深化的过程。与此相适应，雇用关系也呈现出从单一走向多元、从僵化走向灵活、从高稳定走向高流动的特点。已有的对我国劳动力市场雇用关系的研究以静态研究和理论分析为主，动态的研究和系统的经验分析依旧不足。我国劳动力市场处于快速发育过程中，静态时点的研究难以把握劳动力市场的演化特征。本文采用1988—2007年二十年间的微观个体调查数据，对我国的雇用关系的动态演化进行系统分析，揭示了我国劳动力市场中雇用关系的构成和雇用灵活性的变动情况。后续内容包括五部分：第二部分介绍雇用关系构成演化的背景和已有研究成果；第三部分是数据说明和描述统计；第四部分是雇用关系构成的变动趋势；第五部分考察雇用关系及其变动的影响因素；最后是本章小结。

（二）我国雇用关系构成演化的背景和已有研究成果

我国劳动力市场的发展与经济转型过程密不可分，本节将从经济转型过程中劳动力市场的制度变迁、需求和供给结构的变化出发，引出研究的问题及背景，并介绍相关的研究成果。

随着我国由计划经济向市场经济转型，我国的劳动力配置也由计划与行政方式走向市场。在此大背景下，下面三股力量推动了我国劳动力市场雇用结构的演化。第一，改革开放以来城市化进程中农村剩余劳动力的自发流动对劳动力供给结构形成冲击；第二，以企业改制和建立劳动合同制度为主的劳动力市场制度变革提高了企业雇用工人的自主权；第三，全球化竞争和技术进步带来的世界范围内的分工和贸易改变了工人和雇主之间的相对谈判地位。三股力量共同作用导致我国劳动力市场呈现供给和需求结构多元化、非正规就业比重增加、灵活就业形式增强的特点，对应到雇用关系上则表现出雇用关系从单一走向多元、从僵化走向灵活、从高稳定走向高流动的特点。

一 我国劳动力市场制度变迁

计划经济体制下的就业制度主要由排他性的全面就业制度和分割城乡劳动力配置的户籍制度构成（蔡昉，2009）。从1949年到1978年改革开放前，我国实行单一的计划经济管理体制，国家采用"统包统配"方式使劳动者成为用人单位"终身制"的固定工，国有部门是主要就业渠道，一旦就业就鲜有机会流动，也没有被解雇的风险。与此同时户籍制度限制了城乡之间的人口流动。劳动力资源配置依靠行政和计划手段，不存在以市场机制为基础的劳动力市场。自20世纪70年代末以来，我国开始由计划经济向市场经济转型，随着经济体制改革和企业制度改革，劳动力配置方式发生了深刻变化。

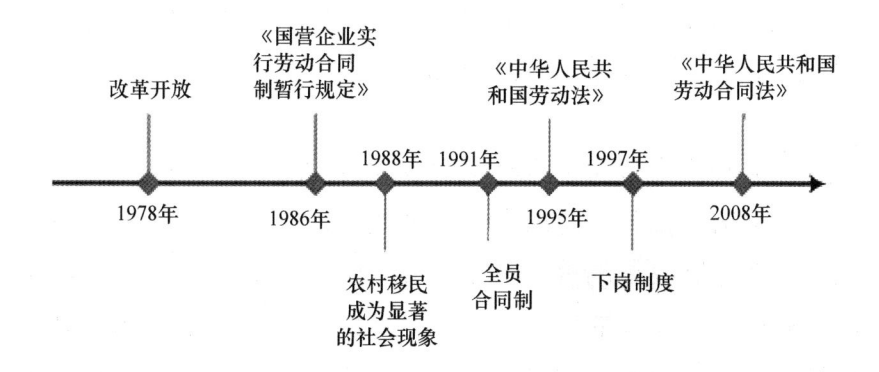

```
《国营企业实                    《中华人民共        《中华人民共和国
改革开放    行劳动合同            和国劳动法》       劳动合同法》
           制暂行规定》
                        1988年  1991年            1997年
  1978年    1986年              1995年             2008年
                        农村移民  全员              下岗制度
                        成为显著  合同制
                        的社会现象
```

图 5 – 1　1978—2008 年我国劳动力市场制度变化示意

图 5 – 1 勾画了改革开放以来影响劳动力市场发展的重大事件。1978 年开始的经济体制改革发端于农村，城镇的体制改革相对滞后于农村，在进入 20 世纪 80 年代中后期后其进程逐渐加快。1986 年 10 月，国务院颁发《国营企业实行劳动合同制暂行规定》，规定在国营企业新招收的工人中推行劳动合同制。1991 年试行全员合同制，终身制劳动关系逐渐退出历史舞台。始于 20 世纪 90 年代初的国有企业改制将国有企业推向了市场，企业管理者代替国家成为劳动力市场的需求方。1995 年 1 月 1 日起，《中华人民共和国劳动法》正式实施，这是我国第一部规范劳动关系的全国性法律，将劳动合同引入企业和劳动者的雇用关系，改变了旧体制下的终身雇用制度，[①]要求用人单位与职工实行劳动合同制度，以消除"正式工"与"临时工"之别。雇用关系合约化打破了"铁饭碗"，解除了企业调整劳动力成本的制度约束。近年来，随着劳资关系矛盾凸显，政府进一步依托法律提高对工人权益的保护力度。2008 年 1 月 1 日以来，以《中华人民共和国劳动合同法》为代表的

---

① 《中华人民共和国劳动法》产生于国有企业改革的大背景下，针对的对象主要是城镇居民，未覆盖来自农村的外来务工者。

一系列法律开始在全国范围内实施,① 从而在立法层面规范了雇用关系,提高了对劳动者权益的保护。

二 劳动力市场需求和供给结构的变动

需求结构变化源于需求主体的变动。改革伊始,对外开放成为我国经济体制改革的重要组成部分。1980 年我国正式设立经济特区,后进一步开放港口、沿海、沿江、沿边和内陆城市,并就引进外资制定了一系列配套优惠政策,"三资"企业成为我国经济生活中的一个重要组成部分。1997 年以来,国有企业部门的改革加快,大型国企改制和小型国企重组进一步加速,前所未有的大批"下岗"工人需要新的工作,部分曾就职于公有部门的个人脱离了原有体系进入私营部门。与此同时,私营经济和私营企业的地位得到认可,成为"社会主义市场经济的重要组成部分"。②"三资"企业、私营企业和现代股份制企业的蓬勃发展推动了劳动力市场中雇用主体的多元化。如图 5-2 所示,经过三十多年的发展,在国有或集体所有制企业就业的工人比重出现了大幅下降,在私营企业、个体企业,以及有限责任和股份有限公司就业的工人比重快速上升。1985 年,在国有或集体所有制企业就业的工人占总就业工人的比重接近 100%,到 2009 年,在国有或集体所有制企业就业的工人比重降至 30% 左右,在私营企业和个体企业就业的工人占总就业工人的 40% 以上。

---

① 《中华人民共和国就业促进法》于 2008 年 1 月 1 日起实施。《中华人民共和国劳动争议调解仲裁法》于 2008 年 5 月 1 日起实施。《中华人民共和国社会保险法》于 2011 年 7 月 1 日起实施。

② 标志性事件是 1997 年 9 月 12 日中国共产党第十五次全国代表大会的召开。会议报告强调"建立现代企业制度是国有企业改革的方向,按产权清晰、权责分开、政企分开、管理科学的要求对国有大中型企业实行规范的公司制改革。……把国有企业改革同改组、改造、加强管理结合起来,抓好大的,放活小的。……非公有制经济是我国社会主义市场经济的重要组成部分"。

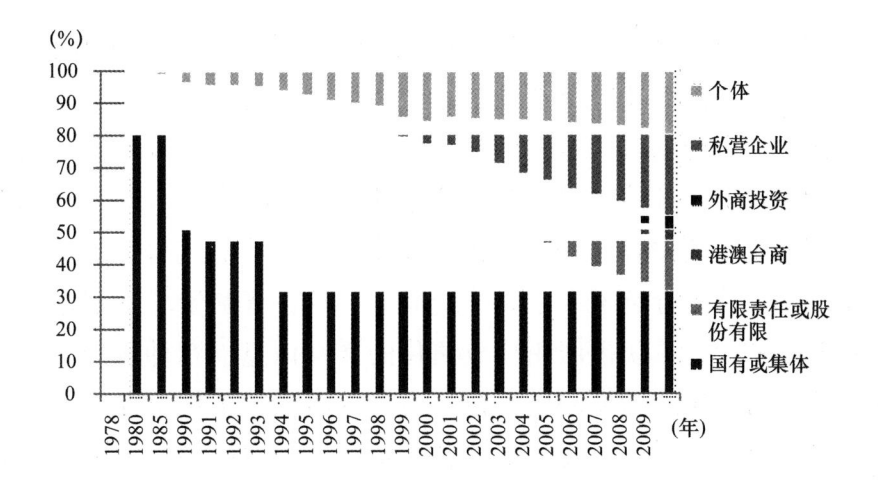

图 5-2　不同所有制企业就业比重

数据来源：国家统计局网站，各年《中国统计年鉴》。

20 世纪 80 年代以来，大量农村剩余劳动力涌入城市，尽管不同学者和机构采用的数据来源和定义口径的不同会带来估计上的差异，但这不影响学者对农民工总体数量的基本判断。卢锋（2011）的调查数据显示，农民工的总量从 1985 年的 6700 万人增加到 2000 年的近 1.5 亿人，到 2010 年已经达到 2.4 亿人。农民工总量不断增长。2004 年以来，农民工群体中外出务工数量增速下降，这与 2004 年以来我国沿海地区出现的"民工荒"现象互相印证，显示我国农村剩余劳动力已经出现了局部的结构性短缺，[①] 但农村外来务工者仍是城镇劳动力市场的重要组成部分。

三　雇用关系构成分类和已有研究成果

按照合约期限的长短，本文将我国城镇劳动力市场的雇用关

[①] 新华视点：《来自六大区域关于"民工荒"的调查报告》，http://news.xinhuanet.com/politics/2012-02/07/c_111495597.htm。

系划分为类终身雇用①、长期雇用、短期雇用、无合同雇用四类，分别对应无固定期限合约或计划经济体制下的固定工、一年期以上固定期限合约、一年期以下固定期限合约，以及没有签订雇用合约的情形。各种雇用类别之间的相互联系如图 5-3 所示。相对已有文献中按照合同期限、正规和非正规就业的划分方式，本文对雇用关系的分类覆盖了整个受雇者群体，有利于了解雇用关系的具体构成，并获得雇用构成演化的详细信息。四种雇用关系一方面包含雇用合约期限的信息，另一方面包含正规就业和非正规就业变动的情况，因此本文对我国城镇劳动力市场雇用关系的研究与雇用合约期限文献，以及就业类型文献紧密相关。

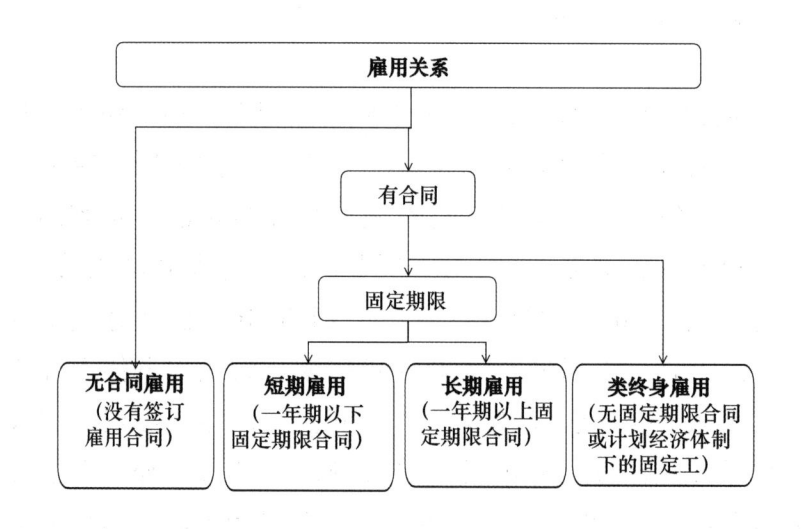

图 5-3 雇用关系分类

已有文献表明，劳动合约构成的演变是劳动力市场管制、技

---

① 终身雇用制是日本企业的基本用人制度，在日本大企业一般都实行终身雇用制，求职者一经企业正式录用直到退休始终在同一企业供职，除非出于劳动者自身的责任，企业主避免解雇员工。本文中的"类终身雇用制度"包括劳动合同制度改革之前的固定工和当前的无固定期限合同的雇用。

术变化以及妇女劳动就业率提高的综合反映（Green 和 Heywood，2008）。全球范围看，雇用合约期限呈变短趋势，兼职、临时工、自我雇用等灵活就业形式比例越来越高，劳动力市场的灵活性显著增强（Kunda et al., 2002）。Rich 和 Tracy（2004）的经验研究发现合同期限的长短对于宏观政策的效率十分重要，同时还会影响社会经济总量的波动。Blanchard 和 Landier（2001）通过研究法国劳动合同改革，发现固定期限合同的引入只提高工人的流动速度，无法降低失业率或缩短失业期限，因此固定期限合同的引入对工人福利带来了负面影响。孙睿君和李子奈（2010）采用横截面数据对不同期限类型劳动合同差异进行分析，但采用横截面数据无法反映出劳动合同构成的演化。

除合约期限变动外，非正规就业比重的变动也反映了雇用关系及其构成的变化。全球范围的非正规就业比重不断提高，在整体经济中扮演越来越重要的角色，发展中国家大都经历了非正规就业平稳快速上升的过程（ILO，2002）。吴要武和蔡昉（2006）利用 2002 年我国 66 个城市的调研数据计算了城市非正规就业比重，得出城市非正规就业的下限约为 42%，传统部门的非正规就业者约占该部门就业总量的 23.4%，新兴部门的非正规就业者的比例超过 85%。胡鞍钢和赵黎（2006）利用 1990—2004 年的宏观时序数据，发现城镇非正规就业的增长率超过城镇就业增长率，非正规就业对城镇新增就业贡献最大。四种雇用关系细化了正规和非正规就业部门这种划分方式，其中类终身雇用关系和长期雇用关系对应正规就业特征，享有较高的工资、优越的工作条件、稳定的就业和完善的社会福利与保障；而短期和无合同的雇用关系则对应于非正规就业的特点，如工资较低、工作条件恶劣、就业不稳定，以及福利社会保障不完善。[①]

[①] 小规模自我雇用具有非正规就业的特征，但鉴于自我雇用人群较强的异质性，既有自己创业的企业家，也有小摊小贩，本文暂不考虑此类人群。

如上所述，在过去二十多年中，我国劳动力市场的供给、需求和制度环境都发生了较大的变化。这些变化无疑会对雇用关系的构成产生影响。而已有的研究我国劳动力市场合约期限和雇用关系构成的文献以静态截面研究为主，动态的长期研究主要采用宏观统计数据，采用微观数据对雇用关系进行动态的系统的研究仍十分缺乏。本文采用1988年、1995年、2002年和2007年涵盖二十年的微观调研数据，对我国雇用关系的动态变化进行系统的研究，拟回答下列问题：近二十年来城镇居民的雇用关系构成如何演变？各种因素如何影响雇用关系的获得，以及雇用关系构成的变动如何？本文的研究将提供不同雇用关系动态变化方面的详尽经验事实，这有助于理解我国雇用灵活性的发展变化，也为后续进一步研究劳动力市场制度变革对劳动力市场灵活性的影响提供了历史参照。

（三）数据说明和描述统计

一　数据

本文使用的数据时间跨度为二十年，覆盖了我国城镇劳动力市场制度发生重大变化的整个时间段。数据来源有两个：一是"中国城乡居民收入分配"课题组1988年、1995年和2002年的中国城镇家庭住户收入调查（简称CHIP）数据；二是2007年度"中国农村—城市流动人口调查"（简称RUMiC）数据。两个数据的城镇样本均来自国家统计局的常规住户调查样本框，具有可比性。调查问卷广泛涵盖了有关个人及其就业方面的信息，包括性别、年龄、受教育程度、就业情况、就业单位、收入等。为了保证样本的可比性和覆盖范围的一致性，本文选用1995年、2002年和2007年调查均覆盖到的六个省份（江苏、安徽、河南、湖北、广东和四川），各省宏观经济变量来自统计年鉴和国家统计局网站的统计公报。城镇样本中选取男性在 16—60 岁、女性在 16—55 岁范围的被调查者①。由于本文的研究对象为雇用关系，所以仅保留工作或就业样本，删除退出劳动力市场的样本②。为了保证样本的代表性，后文的统计和回归分析中根据各省非农人口数量对样本进行加权（各省权重）。

二　描述统计

1. 雇用关系构成及其变动

图 5-4 显示了我国近二十年来城镇居民劳动力市场中雇用关系的构成及演变。1988 年是我国雇用关系分化的开端③，这一年里，类终身雇用关系占比为 97.86%，短期、无合同等灵活雇用形式几乎不存在。20 世纪 90 年代初，我国引入劳动合同制度，打破了原有的终身雇用制度，固定期限合约比重上升，尤其是在 1995—2002 年，灵活雇用比重出现迅速上升趋势。在 2002—2007 年，一年以上的长期固定期限合约比重上升最快，劳动力市场中的最灵活的雇用形式——无合同雇用的比重基本保持不变，短期雇用的比重略有下降④。

总体而言，从 1988 年到 2007 年，雇用灵活性表现出上升趋势。但是雇用灵活性的上升一方面可能受到劳动力构成变动带来的影响，另一方面可能受到劳动力市场制度带来的影响。后

---

① 劳动年龄人口一般指法律规定的成年人口减去法定退休年龄的人口以后的人口总数。我国规定男子 16—60 周岁，女子 16—55 周岁，这部分人口被视为劳动年龄人口。

② 如离退休、丧失劳动能力者、下岗职工、离岗（放长假）、提前退休、内退人员、失业人员、待业青年、家务劳动者、在校学生、待分配和待升学者，以及其他非就业者。

③ 1986 年国务院颁发《国营企业实行劳动合同制暂行规定》，企业在新招的工人中推行劳动合同，原有工人保留固定工制度。

④ 2002 年以前的数据中没有无合同雇用这个分类。

文将进一步采用多元回归的方式控制劳动力特征变量,考察制度变迁带来的雇用灵活性上升,并利用分解方法对不同影响因素的相对重要性进行判断。

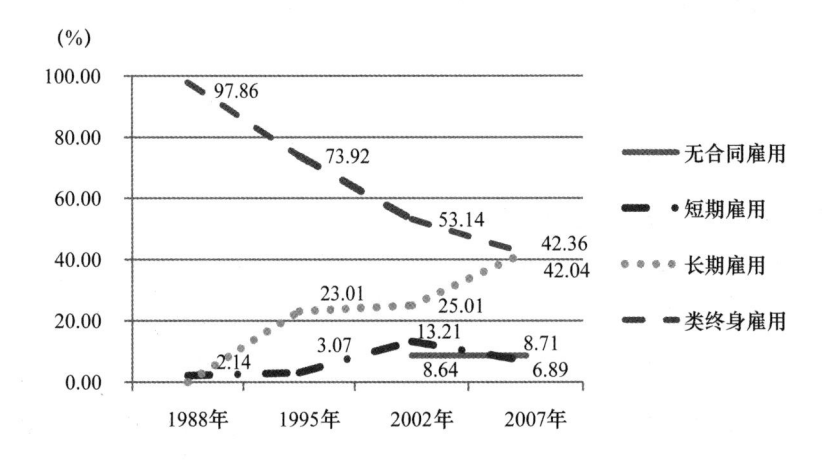

图 5-4 雇用关系的构成情况

数据来源:前三年数据来自 CHIP,最后一年数据来自 RUMiC 2007。

2. 影响雇用关系的因素

雇用关系是劳动力市场竞争力的表现形式之一,反映了工人的议价能力。来自供给和需求两方面的因素都可能影响工人和企业之间的议价能力,进而影响雇用关系。

从供给方面来看,个人的人力资本和人口学特征,以及影响劳动力供给结构的变量,如移民的数量,会对雇用关系产生影响。影响需求方面的因素主要有经济增长速度和产业结构(吴要武,2009)。此外,考虑到劳动力市场分割的现实情况,即使控制了以上供给和需求两方面的因素,个人从事的职业、所处的行业和工作单位也会影响到最终的就业状况,并最终反映到工人的雇用关系上。因此本文把影响雇用关系的变量分为四类:第一类是人力资本特征,包括工作经历、受教育年限;第二类是人口学特征变量,包括性别、是否有配偶等;第三类是工作单位特征变量，包括工作的职业、行业、单位所有制等；第四类是地区宏观经济变量，采用地区国民生产总值增长率、出口占地区生产总值的比重、三次产业占地区总产值的比重、移民占总人口的比重等。

表5-1a对连续及二元变量统计了均值和标准差，第一行是均值，第二行括号内是标准差。1995年的数据将无合同雇用包含在短期雇用中，因此1995年的统计数据未单独报告无合同雇用的变量统计。

个人特征是影响工人雇用关系的重要因素。从表5-1a中可以看出，不同雇用关系的工人在受教育水平方面有很大差异。类终身雇用工人平均受教育水平在各个年份都是最高的，长期雇用与短期雇用工人的平均受教育水平没有明显差异，无合同雇用工人的平均受教育水平在各个年份是最低的。当前工作单位的任期是衡量就业稳定性的重要指标。类终身雇用、长期雇用、短期雇用和无合同雇用四种雇用关系的就业稳定性依次降低。在1995年和2002年，类终身雇用和长期雇用的就业稳定性较高，平均工作任期分别为21.6年和11.5年以上，短期雇用和无合同雇用的稳定性较低。2007年，类终身雇用的就业稳定性依然较高，但长期雇用稳定性有所下降，平均工作任期低于10年，短期和无合同雇用的稳定性维持较低水平。就工作经历来看，1995年类终身雇用和长期雇用工人的工作经历较长，但从2002年起工人之间的工作经历的差距在缩小，2007年各组工人间工作经历的差异变得更加不显著。已婚男性选择相对稳定的雇用关系，如类终身雇用或者长期雇用。类终身雇用就业者平均年龄较大。

企业特征也会对雇用关系带来影响。表5-1b对类别变量各种类别所占百分比进行了统计。类终身雇用在国家集体所有的企业中的占比相对较高,但值得注意的是,在国家集体所有的

表 5-1a 连续及二元变量描述性统计

		受教育年限（年）	工作经历（年）	工作任期（年）	年龄（年）	性别（0-1）	婚姻状况（0-1）	外来工比重（%）	经济增长率（%）	出口占比（%）	第一产业比重（%）	第二产业比重（%）	第三产业比重（%）
1995年	类终身雇用	10.93 (3.02)	20.77 (8.99)	15.80 (8.74)	39.83 (9.03)	0.55 (0.50)	0.91 (0.29)	5.25 (3.06)	14.10 (1.81)	4.55 (4.53)	23.03 (6.55)	44.51 (6.11)	32.44 (2.90)
	长期雇用	9.96 (2.62)	16.27 (9.18)	13.28 (8.55)	35.52 (9.27)	0.48 (0.50)	0.78 (0.41)	5.45 (2.93)	13.89 (2.07)	4.91 (4.42)	22.40 (6.48)	45.22 (6.21)	32.36 (2.70)
	短期雇用	9.53 (2.93)	10.08 (8.38)	5.46 (6.20)	31.86 (10.64)	0.35 (0.48)	0.57 (0.50)	7.32 (3.12)	14.15 (1.82)	7.69 (4.37)	19.26 (6.37)	46.52 (5.17)	34.21 (2.74)
2002年	类终身雇用	12.04 (2.87)	22.17 (8.96)	17.66 (9.12)	41.86 (8.40)	0.61 (0.49)	0.93 (0.26)	10.60 (8.56)	10.33 (1.13)	24.98 (31.02)	15.66 (5.79)	44.21 (5.26)	40.14 (4.69)
	长期雇用	10.93 (2.75)	20.54 (8.83)	16.98 (9.12)	40.13 (8.39)	0.54 (0.50)	0.91 (0.29)	11.39 (8.81)	10.54 (1.09)	28.12 (31.84)	14.89 (5.81)	44.66 (5.47)	40.45 (4.63)
	短期雇用	11.03 (2.82)	16.67 (10.10)	7.59 (7.90)	36.94 (9.74)	0.46 (0.50)	0.75 (0.43)	15.66 (10.30)	10.86 (1.05)	42.83 (36.80)	12.95 (5.97)	44.59 (4.88)	42.46 (4.61)
	无合同雇用	10.34 (2.88)	17.42 (9.89)	5.90 (7.23)	38.12 (9.25)	0.48 (0.50)	0.82 (0.38)	11.98 (9.39)	10.52 (1.07)	29.51 (33.93)	15.33 (6.16)	43.25 (5.42)	41.42 (4.24)

续表

		受教育年限(年)	工作经历(年)	工作任期(年)	年龄(年)	性别(0-1)	婚姻状况(0-1)	外来工比重(%)	经济增长率(%)	出口占比(%)	第一产业比重(%)	第二产业比重(%)	第三产业比重(%)
2007年	类终身雇用	12.39	18.22	16.16	40.67	0.58	0.90	12.92	14.62	36.20	11.53	49.96	38.50
		(3.34)	(10.27)	(8.68)	(9.23)	(0.49)	(0.30)	(9.14)	(0.42)	(36.14)	(4.89)	(4.99)	(4.51)
	长期雇用	11.87	16.32	9.76	38.21	0.55	0.86	15.39	14.68	45.61	10.35	50.27	39.38
		(3.47)	(10.26)	(8.09)	(9.11)	(0.50)	(0.35)	(9.74)	(0.40)	(37.63)	(4.96)	(4.67)	(4.17)
	短期雇用	11.31	17.36	7.35	38.70	0.60	0.73	17.65	14.66	54.66	9.26	50.63	40.11
		(3.64)	(10.74)	(8.19)	(9.55)	(0.49)	(0.44)	(9.73)	(0.31)	(36.64)	(4.65)	(4.55)	(3.76)
	无合同雇用	10.81	19.07	5.29	39.68	0.59	0.76	16.32	14.68	47.96	10.07	50.01	39.92
		(3.38)	(10.23)	(6.62)	(9.87)	(0.49)	(0.43)	(10.00)	(0.37)	(38.52)	(4.90)	(4.63)	(4.08)

注：表5-1a中各个变量对应的第一行是均值，第二行括号内是标准差；1995年的数据将无合同雇用包含在短期雇用中，因此1995年的统计数据未单独报告无合同雇用。1988年缺少较多变量的信息，后文回归分析不涉及1988年，因此仅给出1995年、2002年和2007年的统计数量。个体特征和工作单位特征来自CHIP、RUMIC数据。宏观经济变量来自统计年鉴和公告。

表 5-1b 类别变量描述性统计

		所有制		职业			行业		
		非国家集体所有	国家集体所有	负责人	专业技术人员	工人	第二产业	商业等第三产业	文卫科教、党政机关
1995年	类终身雇用	18.51%	75.41%	78.38%	73.33%	57.59%	64.84%	70.09%	93.60%
	长期雇用	37.49%	22.33%	17.27%	24.09%	35.33%	31.80%	24.08%	4.74%
	短期雇用	44.01%	2.25%	4.35%	2.58%	7.08%	3.36%	5.83%	1.67%
	样本数(100%)	225	6770	1346	2901	1296	3460	1768	1622
2002年	类终身雇用	16.77%	62.42%	81.05%	54.62%	24.54%	39.31%	40.56%	83.64%
	长期雇用	30.74%	24.09%	14.73%	29.60%	30.81%	40.79%	25.01%	6.23%
	短期雇用	30.21%	9.28%	2.03%	9.72%	28.83%	12.51%	21.30%	6.79%
	无合同雇用	22.29%	4.21%	2.18%	6.06%	15.82%	7.39%	13.13%	3.34%
	样本数(100%)	1183	3986	602	2247	1107	1880	1756	1401

续表

	所有制		职业			行业		
	非国家集体所有	国家集体所有	负责人	专业技术人员	工人	第二产业	商业等第三产业	文卫、科教、党政机关
2007年 类终身雇用	17.24%	54.83%	71.88%	48.61%	33.09%	39.57%	28.05%	57.73%
长期雇用	53.04%	36.64%	22.87%	42.57%	46.53%	46.92%	47.41%	33.86%
短期雇用	12.86%	3.67%	2.49%	4.87%	9.05%	6.58%	9.74%	4.28%
无合同雇用	16.85%	4.85%	2.76%	3.95%	11.33%	6.92%	14.80%	4.13%
样本数(100%)	2611	4068	551	1655	3909	1527	3119	1924

注：表5-1b中分别给出各年各种雇用关系中类别变量的比例构成。

企业中类终身雇用的比重持续下降，从 1995 年的 75.41% 下降至 2007 年的 54.83%。负责人和专业技术人员更有可能与雇主建立类终身雇用关系，但专业技术人员中类终身雇用比重明显下降。从行业来看，文卫科教、党政机关等行业中类终身雇用关系比重最高，进入 2007 年各个行业之间的雇用结构逐渐趋同。

宏观经济变量也会对雇用关系带来影响。出口加工业雇用关系较为灵活，短期雇用、无合同雇用与出口占比正相关。地区经济增长水平与雇用关系之间的关系不明确，经济增长一方面将增加就业机会降低失业率，这对长期雇用等稳定雇用关系有正向影响，另一方面经济高速增长可能源于对外贸易和出口加工工业的发展，这将带动灵活雇用比重的上升（见表 5 - 1a）。

（四）雇用关系构成的变动趋势

从 1988 年到 2007 年，我国劳动力市场雇用关系构成中，以无合同雇用和短期雇用为代表的灵活雇用形式比重上升，而类终身雇用的比重出现了明显下降（见图 5 - 4）。雇用结构的演化一方面受到劳动力市场制度变迁的影响，另一方面也受到劳动力禀赋构成的影响，本节接下来将通过多元 Logit 回归，在控制劳动力禀赋特征的基础上，考察在不同年份制度因素带来的雇用灵活性变动。

因变量雇用关系包括类终身雇用、长期雇用、短期雇用和无合同雇用四种类型。当因变量为非排序的类别变量且各类型之间互斥的情况下，通常采用多元选择模型，如多元 Logit 模型 (Cameron and Trivedi, 2006)。本文的解释变量包括个体的人力资本、人口学特征变量，工作单位、地区宏观经济变量。在多元 Logit 模型中，第 j 类雇用关系的概率表示为：

$$\Pr[y_i = j] = \frac{\exp(x_i'\beta_j)}{1 + \sum_{k=2}^{4} \exp(x_i'\beta_k)}, \quad \text{其中} j = 1, \cdots, 4 \quad (5.1)$$

其中 $y_i = 1, \cdots, 4$ 表示雇用关系的四种类型。x_i 包括人力资本变量、人口学变量、工作单位特征变量和地区宏观经济变量。多元 Logit 模型需要将一种类型作为基准类型 (Base Category)，例如以短期雇用为基准类型，选择雇用关系 j 相对于基准类型的优势比 (Odds Ratio) 表示签订合同 j 的概率相对于签订短期合同的概率的比例，表示为 $Odds\ Ratio = \Pr[y = j]/\Pr[y = 1] = \exp(x_i'\beta_j)$。优势比等于 1 代表两者概率相等，优势比大于 1 代表雇用关系 j 的概率大于短期雇用的概率，优势比小于 1 代表雇用关系 j 的概率小于短期雇用的概率。两边取对数后得到对数优势比 (LOR)：$\log(Odds\ Ratio) = x_i'\beta_j$，$LOR > 0$ 代表雇用关系 j 的概率大于短期雇用概率，$LOR = 0$ 代表两种雇用关系概率相等，$LOR < 0$ 代表雇用关系 j 的概率小于短期雇用概率。

基准参照组选择标准不明确是多元 Logit 模型固有的缺陷。为了揭示由于制度变化带来的雇用灵活性的变动趋势，克服随意选择基准参照组对结果带来的影响，文中采用了三种模型设定形式。如表 5-2 所示，三种模型设定中，基准参照组从灵活性最高的无合同雇用，向逐渐包含灵活性相对较弱的短期雇用，到包含灵活性更弱一些的长期雇用，依次呈现出不同雇用关系结构的变动信息。

第一种设定以无合同雇用为基准参照组，由此可以得到类终身雇用、长期雇用、短期雇用相对于无合同雇用的对数优势比的变动情况。回归结果显示，相对于灵活性最高的无合同雇用而言，类终身雇用、长期雇用和短期雇用的概率在 2002 年和 2007 年相对于 1995 年均有所下降。

第二种设定将短期雇用、无合同雇用一并作为基准组。短期雇用和无合同雇用均是灵活性较高的雇用形式，由此可以得到类终身雇用、长期雇用相对于灵活雇用的对数优势比变动。

表 5-2 雇用关系的对数优势比的动态变化

	类终身雇用/无合同雇用	长期雇用/无合同雇用	短期雇用/无合同雇用
1. 多元 Logit 回归			
2002 年	-20.30***	-19.59***	-18.34***
2007 年	-19.89***	-18.84***	-19.18***
准拟合优度(pr_2)		0.24	
2. 多元 Logit 回归	类终身雇用/(短期、无合同雇用)		长期雇用/(短期、无合同雇用)
2002 年	-2.35***		-1.64***
2007 年	-1.45***		-0.41***
准拟合优度(pr_2)		0.29	
3. Logit 回归	类终身雇用/(长期、短期和无合同雇用)		
2002 年	-1.08***		
2007 年	-1.13***		
准拟合优度(pr_2)		0.27	

注:第一组多元 Logit 回归以无合同雇用为基准组,第二组多元 Logit 回归以无合同雇用和短期雇用为基准组。第三组 Logit 回归以无合同雇用、短期雇用和长期雇用为基准组。四组回归以无合同雇用和短期雇用为代表的灵活雇用关系为基准组,第三组 Logit 回归以无合同雇用、短期雇用和长期雇用为基准组。四组回归的控制变量均包含个人人力资本特征变量、人口学特征变量、工作单位特征变量、省区虚拟变量和常数。年份虚拟变量的参照组是 1995 年,样本数均为 17687。*、**、***代表在 0.1、0.05、0.01 水平显著。

回归结果显示，相对于短期雇用、无合同雇用为代表的灵活雇用关系，类终身雇用、长期雇用的概率在2002年和2007年相对于1995年均出现显著下降，但在2007年相对于2002年有一定程度的回升。

第三种设定将雇用关系划分为类终身雇用和非类终身雇用（包括长期雇用、短期雇用和无合同雇用）两大类，类终身雇用的灵活性最低，而其他雇用形式均具有一定程度的灵活性。此时的多元Logit模型退化为二元Logit模型。回归结果显示，相对于其他具有较高灵活性的雇用关系，类终身雇用的概率在2002年和2007年相对于1995年均出现显著下降。

三种模型设定的回归结果一致显示，在控制了影响雇用关系的禀赋特征之后，我国劳动力市场中灵活雇用的比重依然表现出明显的上升趋势，稳定雇用关系尤其是类终身雇用出现了非常显著的下降趋势。灵活性雇用关系比重的上升在1995年到2002年这一阶段最明显，到2007年，稳定雇用关系的比重略有回升。

（五）雇用关系及其变动的影响因素

在前文分析雇用关系动态演化的基础上，本节进一步考察雇用关系构成和动态演化的影响因素及其相对重要性。第一部分采用多元Logit回归考察影响工人获得不同雇用关系的因素，第二部分采用扩展的Oaxaca – Blinder分解来考察影响雇用关系构成变动的因素。

第五章第四节在分析雇用关系演化趋势时采用了三种模型设定形式。考虑到以下四个方面的原因，后文的分析将采用其中的第二种模型设定形式，即将因变量雇用关系划分为类终身雇用、长期雇用以及短期和无合同雇用三类。首先，短期和无合同雇用是典型的灵活雇用关系形式，将两者整合到一起契合本文考察劳动力市场灵活性变动的主题；其次，从图5 – 4的雇用关系的构成情况看，短期雇用和无合同雇用两者的变动趋势非常一致，考察动态演化时将两者合并具有合理性；再次，从模型选择的角度来看，将短期雇用和无合同雇用合并作为基准类型回归的拟合优度最高（见表5-2）；最后，从数据本身的特点来看，在1995年的雇用关系分类中，无合同雇用直接被纳入短期雇用类型，在2002年和2007年中将两者合并有助于保持动态分析数据的连续一致。基于此，后文的多元Logit回归和扩展的Oaxaca-Blinder分解的因变量均分为类终身雇用、长期雇用，以及短期和无合同雇用三种雇用关系。

一 采用多元Logit回归分析获得雇用关系的影响因素

由于不同年份变量影响雇用类型存在较大差异，在考察特征变量影响时，采用分年度的多元Logit模型比采用堆垒多元Logit回归的解释程度更好①，回归结果如表5-3所示。以下将主要从人力资本变量、工作单位变量，以及宏观经济变量角度来解释回归结果。

第一，人力资本变量的影响。1995年，工作经历和受教育水平与工人获得类终身雇用、长期雇用两种稳定的雇用关系优势比正相关。进入2002年，工作经历的影响依然显著，但影响的程度降低；只有中专、大专及以上的受教育程度才对获得类终身雇用关系、长期雇用关系产生显著的正向影响，其他受教育水平的影响变得不显著。2007年，人力资本变量中仅工作经验和大专及以上的受教育程度能影响个人获得类终身雇用、长期雇用形式。

第二，工作单位变量的影响。从职业来看，专业技术人员与稳定雇用关系优势比正相关，企业负责人在2002年之后多为类终身雇用。行业的影响因素进入2002年以后变得更加显著，商业、物流业等第三产业与类终身雇用、长期雇用关系负相关，

---

① F检验表明年份因素不仅影响截距项也影响斜率，分年回归比堆垒回归的结果更有效。

文卫科教、党政机关的员工多为类终身雇用。从企业所有制来看，国家和集体所有制与类终身雇用和长期雇用的优势比正相关，但是影响的程度逐渐降低。

第三，宏观经济变量的影响①。产业结构在 1995 年对雇用关系的影响不明显，在 2002 年和 2007 年变得显著。2002 年以来，第三产业的比重与类终身雇用和长期雇用均呈负相关关系。农村外来人口的比重与类终身雇用和长期雇用优势比均负相关，与短期或无合同雇用优势比在 2007 年显著正相关，农村外来人口提高了灵活雇用关系的比重。经济增长率是一个综合性指标，它与雇用关系呈现非线性的关系，其对类终身雇用、长期雇用的优势比在 2002 年为负，2007 年以后为正，呈"U"形。

诚然，雇用关系的选择与其他雇用条件，如工作地点、行业、职业、所有制类型的选择紧密相关。不同个体对于这些因素会有不同的排序，有的优先考虑就业城市，有的优先考虑行业，有的则更加关注企业所有制，而雇用关系的达成往往建立在这些选择行为的基础上。受到数据和篇幅的限制，本文未对多层次的雇用选择行为做深入研究。但正如一位匿名审稿人指出，采用层次更加丰富的数据，配合以嵌套模型，循上述思路分析雇用选择行为无疑是一个重要的研究课题。利用现有数据，本文对工业企业和国有部门两个限制样本做雇用关系的多元选择模型，一定程度上剔除了行业和所有制不确定对雇用关系产生的影响，限制样本的回归结果与总体样本的雇用关系选择行为具有一致性，表面实证了结果具有稳健性。②

---

① 无论是采用省份虚拟变量还是地区宏观经济变量来代表地区影响因素，所得到的人力资本变量、人口学变量以及就业特征变量的回归系数均无显著的变化，这表明模型的稳健性。限于篇幅，正文仅给出采用地区宏观经济变量的分年度回归结果，其他回归结果可向作者索取。

② 限于篇幅，针对限制样本的多元选择模型的回归结果未在文中报告，有需要的读者可以向作者索取。

表 5-3　　雇用关系决定因素分析－分年多元 Logit 回归系数

	类终身雇用/短期、无合同雇用			长期雇用/短期、无合同雇用		
	1995 年	2002 年	2007 年	1995 年	2002 年	2007 年
工作经历	0.14***	0.06***	0.10***	0.09***	0.03***	0.05***
初中	1.10***	0.15	0.21	1.16***	0.1	0.04
高中	1.60***	0.27	0.44**	1.55***	0.35	0.22
中专	1.87***	0.64**	-0.07	1.42***	0.55**	0.1
大专及以上	2.68***	0.93***	0.78***	1.72***	0.59***	0.44***
负责人	0.25	2.41***	1.02***	0.07	1.34***	0.11
专业技术人	0.58**	1.20***	0.74***	0.42*	0.78***	0.61***
商业等第三产业	-0.32	-0.40***	-0.37***	-0.65***	-0.91***	-0.29***
文卫科教、党政机关	0.15	0.51***	0.80***	-1.55***	-1.74***	0.19
国家集体所有	3.52***	2.29***	1.71***	2.04***	1.29***	0.72***
三产占比	0.42*	-0.02	-0.06	0.08	-0.04	-0.19***
移民比例	-0.62**	-0.10*	-0.04	-0.13	0.02	-0.06**
出口占比	-0.09	0.03**	0.01	-0.11	-0.01	0.03***
经济增长率	0.14	-0.60***	0.35**	-0.11	-0.15	0.86***
性别、婚姻、常数项	是	是	是	是	是	是
样本数	6727	5077	6419	6727	5077	6419
准拟合优度（pr_2）	0.2	0.24	0.18	0.2	0.24	0.18

注：多元 Logit 回归以无合同雇用和短期雇用为代表的灵活雇用关系为参照组。学历的参照组：小学及以下；职业的参照组：工人；行业的参照组：工业；所有制的参照组：非国家和集体所有制；省份的参照组：四川省。*、**、***代表在 0.1、0.05、0.01 水平显著。

二 采用扩展的 Oaxaca – Blinder 分解考察雇用关系变动的影响因素

Oaxaca（1973）和 Blinder（1973）提出了对线性回归的分解方法，可以将两组样本因变量的差异分解为变量解释的部分和系数解释的部分，其中变量解释部分由可观察的禀赋差异造成，系数解释部分由不可观察的制度等因素造成。考虑如下的线性回归方程 $Y_{ig} = X_{ig}\beta_g + \varepsilon_{ig}$，$g = A, B$ 表示不同的两组样本。根据 Oaxaca 和 Ransom（1994）分解如下：

$$\overline{Y_A} - \overline{Y_B} = \Delta^{OLS} = (\overline{X_A} - \overline{X_B})\beta^* + \overline{X_A}(\beta_A - \beta^*) + \overline{X_A}(\beta^* - \beta_B) \quad (5.2)$$

其中 $\beta^* = \Omega\beta_A + (I - \Omega)\beta_B$，此处 Ω 是权重矩阵，I 是单位阵。$\Omega = 1$ 和 $\Omega = 0$ 分别代表以初始年份和结束年份为基期分别进行分解①。本文中使用的多元 Logit 模型是非线性方程，直接应用方程（5.2）会使分解的结果出现偏误，因此本文的分解变量是线性化的对数优势比。Yun（2004）在传统分解的基础上，提出了扩展的分解方法，不仅可以分解出变量解释部分与系数解释部分，而且可以将这两个部分按照解释变量做进一步的分解。

在 1995 年、2002 年和 2007 年对雇用类型的多元 Logit 回归基础上，对雇用关系构成在 1995—2002 年和 2002—2007 年之间的动态变化进行扩展的 Oaxaca – Blinder 分解。解释变量包含四类：人力资本特征变量，包括受教育水平、工作经历；人口学特征变量，包括性别和婚姻状况；工作单位特征变量，包括职业类型、行业类型和所有制类型；省区宏观经济特征变量。

---

① 基期的选择会导致分解结果出现变化，这是 Oaxaca – Blinder 分解固有的遗憾，本文主要选取结束年份为基期，以便于从当前的劳动力市场制度影响对系数进行解释。

一次分解将两个年份之间雇用关系构成的变动分解为变量解释和系数解释。变量解释部分表示当两个年份的工人面对完全相同的雇用关系外部条件时,由于两个年份中工人的人力资本特征、人口学特征、工作单位特征或宏观经济等禀赋差异导致雇用关系的差异;系数解释部分表示当两个年份中的工人禀赋变量相同时,由于其面对的雇用制度环境不同导致具有类似特征的工人在不同年份与雇主建立了不同的雇用关系。二次分解进一步按照变量的四种分类细分为各种类别的变量解释部分和系数解释部分。一次分解所得的变量解释部分细分为人力资本变量解释的部分、人口学变量解释的部分、工作单位变量解释的部分和地区固定效应解释的部分;一次分解所得的系数解释部分可细分为人力资本变量系数解释部分、人口学变量系数解释部分、工作单位变量系数解释部分和省份固定效应系数解释部分,最后是常数项系数解释部分。

1. 1995—2002 年雇用关系构成变化的分解结果

从变动趋势看,在 1995—2002 年,类终身雇用和长期雇用的优势比均有较大幅度下降,即雇用关系构成中灵活雇用比重显著提高(见表 5-4a)。从影响因素来看,类终身雇用比重的下降主要源于制度变迁因素带来的系数变动的影响,禀赋效应的变动方向有利于提高类终身雇用的比例,但低于系数效应的影响。经济含义可以做如下理解:假定 1995 年和 2002 年有一样的雇用制度环境,2002 年的工人的特征事实上更有利于建立类终身雇用关系,但由于制度环境发生了变化,类似工人在 2002 年比在 1995 年更难建立稳定的类终身雇用关系,综合作用的结果导致了类终身雇用比重的降低。长期雇用比重的下降同样主要受到制度变迁因素带来的系数变动的影响,禀赋效应也有降低长期雇用比重的作用。

根据 Yun(2004)的扩展分解发现,在 1995—2002 年,人力资本特征的禀赋效应有利于提高类终身雇用和长期雇用的对数优势比，但是，制度变迁导致的人力资本的系数效应均为负数，即假定工人在2002年拥有相同甚至更高的人力资本水平，其获得类终身雇用和长期雇用的概率也可能降低。除了人力资本外，其他几类变量的系数多为负数，显示出制度变化带来类终身雇用、长期雇用比重的下降，短期和无合同等灵活雇用比重的上升。

表5-4a　　　1995—2002年雇用关系优势比变动分解

		类终身雇用/短期、无合同雇用			长期雇用/短期、无合同雇用		
		总变动	禀赋效用	系数效用	总变动	禀赋效用	系数效用
一次分解		-2.77	2.37	-5.13	-2.40	-0.07	-2.34
二次分解	人力资本特征	-2.76	0.18	-2.94	-1.79	0.20	-1.99
	人口学特征	0.36	0.02	0.34	0.46	0.07	0.39
	工作单位特征	-0.72	0.00	-0.72	-1.03	-0.37	-0.66
	宏观经济特征	-24.61	2.16	-26.77	-3.99	0.04	-4.03
	常数项	24.95	0.00	24.95	3.96	0.00	3.96

注：1995年为基期。系数效应表示当1995年和2002年的工人特征均相同时，由于雇用制度不同（系数差异）带来的雇用关系的优势比差异；变量效应表示当1995年与2002年有一样的雇用制度（系数）时，由于工人特征差异导致的雇用关系的优势比差异。

2. 2002—2007年雇用关系构成变化的分解结果

从变动趋势看，在2002—2007年，雇用灵活性上升速度减慢，类终身雇用的优势比有微幅回升，长期雇用的优势比出现了较大幅度的回升（见表5-4b）。

从影响因素来看，这一阶段，制度因素依然有降低类终身雇用优势比的效应，但是禀赋效应尤其是宏观经济特征效应显著提高了类终身雇用的优势比。长期雇用优势比的回升受到来自可观察变量的禀赋效应和制度变迁导致的系数效应共同影响。

值得注意的是，人力资本对应的系数效应显示为正，意味着假定工人在 2007 年拥有与 2002 年相同的人力资本水平时，其在 2007 年获得类终身雇用和长期雇用的概率要比在 2002 年高。

总体而言，从 1988 年到 2007 年，相对于短期和无合同雇用关系，类终身雇用、长期雇用的对数优势比出现了先下降后小幅回升的变动。影响雇用关系构成动态演化的因素中，制度因素是导致雇用关系灵活性迅速上升然后略有下降的主要原因。在 1995—2002 年，代表制度因素的系数效应高于禀赋效应的解释力，说明这一阶段的雇用灵活性的上升主要源于制度变迁因素的影响。在 2002—2007 年，类终身雇用比重的下降依然主要源于制度变迁，长期雇用比重的上升受到禀赋效应和系数效应的双重影响，后一阶段的制度环境中人力资本获得稳定雇用的回报较高，这说明进入后一阶段，放松管制和市场深化的效应逐渐释放殆尽，特征变量提高雇用稳定性的作用开始显现。

表 5-4b　　2002—2007 年雇用关系优势比变动分解

		类终身雇用/短期、无合同雇用			长期雇用/短期、无合同雇用		
		总变动	禀赋效用	系数效用	总变动	禀赋效用	系数效用
一次分解		0.07	0.72	-0.65	4.81	2.41	2.40
二次分解	人力资本特征	0.42	-0.36	0.78	-0.37	-0.44	0.07
	人口学特征	-0.33	-0.06	-0.27	-0.19	-0.04	-0.15
	工作单位特征	-1.21	-0.08	-1.14	0.78	-0.04	0.81
	宏观经济特征	3.38	1.22	2.16	-0.13	2.93	-3.06
	常数项	-2.18	0.00	-2.18	4.73	0.00	4.73

注：2002 年为基期。系数效应表示当 2002 年和 2007 年的工人特征均相同时，由于雇用制度不同（系数差异）带来的雇用关系的优势比差异；变量效应表示当 2002 年与 2007 年有一样的雇用制度（系数）时，由于工人特征差异导致的雇用关系的优势比差异。

本章小结

本章采用覆盖1988—2007年的四次微观调研数据系统考察雇用关系构成及其演化特点，雇用关系构成的演化显示了我国城镇劳动力市场雇用灵活性先上升后略有下降的过程。从1988年开始，我国的雇用关系构成中短期、无合同雇用等灵活雇用形式的比重呈上升趋势，到2002年，劳动力市场的雇用灵活性已经达到一个较高水平，到2007年，稳定雇用关系的比重略有回升，类终身雇用的相对比重微幅回升，而长期雇用占比则有较大幅度的回升。

影响雇用关系构成及其变动的因素可划分为不可观察的制度影响和可观测的变量影响两类。在1995—2002年，放松管制、深化市场机制等制度转变是导致雇用结构变动的最重要原因。其中，类终身雇用比重的下降主要源于合同制度引入带来的影响，人力资本等禀赋效应的变动方向是有利于提高类终身雇用比例的，但低于系数效应的影响。长期雇用比重的下降同样主要受到制度变迁因素带来的系数变动影响。在2002—2007年，放松管制和市场深化的效果逐渐释放殆尽，制度因素的作用略有降低，禀赋效应的影响逐渐显现。类终身雇用优势比微幅回升、长期雇用优势比的显著回升源于禀赋效应的正向作用与系数效应负向作用的共同结果。

本章采用微观数据详细地呈现了过去二十年我国城镇劳动力市场转型过程中雇用关系从单一向多元化发展演化的过程，这为后续进一步考察雇用关系的动态演化对劳动力市场状况的影响奠定了基础。

六 劳动力市场工资差异研究

本章主要从城镇与外来劳动力工资差异、户籍歧视和劳动力工资扭曲程度三个视角入手研究我国劳动力市场的工资差异。

（一）城镇与外来劳动力工资差异分解及其变化

本节运用 CHIPS 2002 年和 2007 年的数据，对城镇劳动力和外来劳动力的工资差异进行 Oaxaca – Blinder 分解后发现，人力资本差异是导致城镇劳动力和外来劳动力工资差异的主要原因，同时其解释力度仍然在不断增加，歧视的解释力度从 2002 年的 35.18% 下降到 2007 年的 25.08%；进一步基于分位数回归的反事实分析表明，歧视程度的下降主要集中在工资分布位于第 2 个十分位数以上的区间，工资分布位于第 2 个十分位数以下的区间的外来劳动力受到的歧视并未改善，甚至出现一定程度的恶化。

一 引言

20 世纪 80 年代以来，随着经济制度的改革和户籍制度的变化，大量外来劳动力流入城市劳动力市场寻求就业，外来劳动力已经成为城市劳动力市场上的重要组成部分。虽然户籍制度的放松减小了劳动力流动的障碍，但是在城镇劳动力市场上，外来劳动力和城市本地劳动力依然被区别对待，他们在工资、福利、医疗等方面依然受到歧视（Meng, Zhang, 2001），歧视的存在一方面会导致效率的损失，同时还会导致收入差距的不断扩大。

在这种情况下，关于城镇劳动力和外来劳动力工资差别及其原因的研究便成为劳动经济学中的一个重要话题。国内方面，一些研究者认为，城镇劳动力和外来劳动力收入差异的主要原因是二者在人力资本上存在差异，姚先国、赖普清（2004）的研究结果表明，城乡工人在劳资关系各方面的巨大差异一方面源于人力资本水平和就业企业的差异，另一方面源于外来劳动力受到的户籍歧视，其中前者占到70%—80%。另一些研究者认为，城镇劳动力和外来劳动力收入差距的主要原因是存在歧视，如邓曲恒（2007）在利用中国社会科学院经济研究所2002年的调查数据进行Oaxaca-Blinder分解后发现，城镇劳动力和外来劳动力工资差异的60%应该归结于歧视；王美艳（2003）在运用Blinder-Oaxaca研究了北京、长春、南京、天津、西安、武汉等城市农村迁移劳动力和城市本地劳动力的工资差异后发现，其中的76%应该归结于歧视。但是她在采用Brown分析法对同样的数据进行分析后发现，工资差异中歧视的部分只占到42.88%（王美艳，2005）。

国外方面，同样有一些学者对于中国城市劳动力市场上的户籍歧视进行了研究。Meng和Zhang（2001）运用上海的调查数据发现城镇劳动力和外来劳动力工资差异的49.18%是歧视造成的。而Maurer-Fazio（2004）的估计中歧视占工资总差异的比例只有24.89%。

本节在前人研究的基础上进一步回答了两个问题：（1）在城市劳动力市场上，城镇劳动力和外来劳动力工资差异中特征差异和歧视的大小及其随时间是如何变化的；（2）市场歧视的影响在工资分布的不同位置是否存在差异，其变化趋势在工资分布的不同位置是否存在不对称现象。本节余下部分安排如下：第二部分描述了城镇劳动力和外来劳动力的工资差异及人力资本特征；第三部分估计出城镇劳动力和外来劳动力的工资决定方程；第四部分运用 Oaxaca – Blinder 方法分析 2002 年和 2007 年工资差异中人力资本和歧视的贡献及其随着时间的变化情况；第五部分运用分位数下的反事实分析法研究了工资分布不同位置上歧视的情况，以及歧视随着时间在整个工资分布区间的变化；第六部分总结全文。

二 工资差异及人力资本特征

本章使用的是中国居民收入调查数据库（China Household Income Project，CHIPS）2002 年和 2007 年的调查数据。2002 年的调查覆盖了北京、山西、辽宁、江苏、安徽、河南、湖北、广东、重庆、四川、云南、甘肃 12 个省份，其中城镇劳动力样本 20632 人，外来劳动力样本 5327 人。2007 年的调查覆盖了上海、江苏、浙江、安徽、河南、河北、广东、重庆、四川 9 个省份，其中城镇劳动力样本 14742 人，外来劳动力样本 8446 人。

本文对数据做了以下处理：第一，根据《劳动法》相关规定，只选取 15—60 岁的样本作为本文研究的对象；第二，对工资和人力资本数据不全的样本进行了剔除。处理之后，2002 年城镇劳动力和外来劳动力样本数目分别为 9978 人和 3343 人，2007 年城镇劳动力和外来劳动力样本数目分别为 6946 人和 6798 人。

表 6 - 1 给出的是 2002 年和 2007 年城镇劳动力和外来劳动力的工资差异及人力资本特征。从小时工资上看，两类劳动力之间的差距明显，城镇劳动力的工资明显高于外来劳动力，并且差距还在进一步扩大，城镇劳动力和外来劳动力的小时工资差异由 2002 年的 2.76 元增加至 2007 年的 7.81 元。

表6-1　　　　　城镇劳动力和外来劳动力工资及人力资本状况

	2002年					2007年				
	城镇劳动力		外来劳动力			城镇劳动力		外来劳动力		
连续变量	均值	标准差	均值	标准差	差异	均值	标准差	均值	标准差	差异
小时工资（元）	5.9	5.57	3.14	4.35	2.76	14.38	21.47	6.57	7.73	7.81
受教育年限（年）	11.42	2.98	7.94	2.75	3.48	12.05	3.16	9.08	2.42	2.97
年龄（岁）	40.33	9.03	34.42	8.34	5.91	39.98	9.64	31.21	9.66	8.77
本单位工作年限（年）	14.42	9.91	5.1	4.23	9.32	12.33	10.4	3.75	4.31	8.58
离散变量	百分比（%）		百分比（%）		差异（个百分点）	百分比（%）		百分比（%）		差异（个百分点）
男性比例	55.42		56.54		-1.12	56.25		59.19		-2.94
有配偶比例	88.11		89.9		-1.79	84.75		62.31		22.44
受培训比例	25.64		15.41		10.23	39.14		24.23		14.91
身体健康比例	96.47		98.23		-1.76	98.07		98.57		-0.5

从受教育年限上看，城镇劳动力的受教育年限要高于外来劳动力，但是这一差异在不断缩小。城镇劳动力、外来劳动力的受教育年限差异由2002年的3.48年缩小至2007年的2.97年。另外，通过2002年和2007年受教育年限的对比可以发现，两类劳动者的受教育年限都有一定程度的提高。

从年龄上看，城镇劳动力的年龄要大于外来劳动力，具体而言，2002 年两者差距为 5.91 岁，2007 年两者差距为 8.77 岁。同时，两类劳动力在本单位工作年限上也存在差异，2007 年城镇劳动力在本单位工作年限为外来劳动力的 3 倍多，这说明城镇劳动力的工作较外来劳动力更加稳定。

另外需要注意的是，城镇劳动力和外来劳动力在培训上的差异。总体而言，城镇劳动力接受培训的比例要高于外来劳动力，2002 年和 2007 年的差异分别为 10.23 个百分点和 14.91 个百分点，但是两者接受培训的比例随时间都有所上升。

三 工资决定方程的估计及结果

为了考察城镇劳动力和外来劳动力在工资上的差异，首先需要分别对两类劳动力的工资决定方程进行估计。我们在 Mincer 工资决定方程的基础上增加了性别、婚姻状况、健康状况、培训、地区①控制变量和职业控制变量作为解释变量，采用对数小时工资率作为工资方程的被解释变量。

对于教育回报率的估计，由于不同阶段的教育边际报酬率并不相同，我们摒弃了传统的以受教育总年限表示受教育程度的做法，采用了 Reid 和 Scott（2006）、Yang（2005）、张车伟和薛欣欣（2008）的做法，采用各阶段实际受教育年限作为不同教育层次的变量②，这样估计出来的变量系数表示的是各阶段教育的实际边际报酬率，有利于在各层次教育实际报酬率之间进行对比。

表 6-2 给出了城镇劳动力和外来劳动力在 2002 年和 2007 年工资决定方程的 OLS 异方差稳健回归结果③，变量的系数和符号基本符合预期且都很显著，同时可决系数也很合理。我们

---

① 本部分根据调查对象工作的省份所在将地区控制变量分为东部、中部和西部。

② 将初中受教育年限定为 3 年，高中、中专受教育年限定为 3 年。

③ 括号中为标准误；未列出的控制变量包括健康、婚姻状况和地区控制变量；***、**、* 分别表示 1%、5%、10% 的显著水平。

运用邹氏检验对方程的结构变化进行检验，发现2002年和2007年的F值分别为26.15和17.23，这说明2002年和2007年的城镇劳动力和外来劳动力的工资决定方程存在结构性差异。

表6-2　　　　　　城镇劳动力和外来劳动力工资决定方程

	2002年		2007年	
	城镇劳动力	外来劳动力	城镇劳动力	外来劳动力
年龄	0.0114***	-0.0046***	-0.0073***	-0.0040***
	[0.001]	[0.0017]	[0.0012]	[0.001]
本单位工作经验	0.0346***	0.0331***	0.0330***	0.0480***
	[0.0024]	[0.0068]	[0.0027]	[0.0037]
本单位工作经验平方	-0.007***	-0.0008*	-0.0005***	-0.0017***
	[0.0001]	[0.0004]	[0.0001]	[0.0002]
初中及以下	0.0375***	0.0325***	-0.0084	0.0427***
	[0.0069]	[0.0053]	[0.0126]	[0.0049]
高中或中专	0.0943***	0.0544***	0.0850***	0.0406***
	[0.0062]	[0.0131]	[0.0078]	[0.006]
大专及以上	0.0751***	0.1201***	0.0556***	0.0689***
	[0.0047]	[0.0311]	[0.0052]	[0.012]
男性	0.1126***	0.2618***	0.2200***	0.1492***
	[0.0129]	[0.0224]	[0.016]	[0.0136]
培训	0.1355***	0.1426***	0.0982***	0.0746***
	[0.0143]	[0.0323]	[0.0160]	[0.0154]
干部和技术人员	0.1453***	0.0925***	0.2501***	0.2091***
	[0.0145]	[0.0234]	[0.0171]	[0.0283]
常数	-0.1113	-0.1622	1.2937***	0.8462***
	[0.0766]	[0.1319]	[0.1134]	[0.07656]
F值	266.08***	54.29***	203***	123.39***
R-squared	0.2634	0.1664	0.2937	0.1964

比较城镇劳动力和外来劳动力在2002年和2007年的工资决定方程我们注意到以下几方面的问题。

第一，本单位工作经验在工资决定方程中有显著的作用，这与其他人的研究结论一致，但是对于不同的劳动力而言，经验边际作用的差异并不明显，2002年城镇劳动力和外来劳动力的这一差异仅为0.1个百分点，2007年的差异为1个百分点。

第二，对城镇劳动力和外来劳动力而言，受教育年限的符号大都为正且非常显著，这说明在其他人力资本条件相同的情况下，受教育年限越长，劳动力的小时工资会越高。但是更加细致的分析可以发现，不同阶段的教育在报酬率上存在差异，具体而言，对于高中或中专和初中及以下的教育而言，教育对于城镇劳动力的边际报酬要高于外来劳动力，这可能是农村教育投入不足和质量低下的缘故（王德文，2003；姚先国、赖普清，2004；Meng & Zhang, 2001）；对于大专及以上的教育而言，教育对外来劳动力的报酬率要高于城镇劳动力。

第三，培训会显著地提高劳动力的工资（谢嗣胜、姚先国，2006；王美艳，2003），但是随着时间的推移，其边际报酬率在下降。例如，对城镇劳动力和外来劳动力而言，培训的边际报酬从2002年的13.55%和14.26%下降到2007年的9.82%和7.46%，造成这一现象的原因可能是随着参与培训的劳动力比例的增加导致其边际报酬下降。

第四，通过将劳动力从事的职业划分为干部和技术人员（包括国家机关党群组织、企事业单位负责人，专业技术人员）以及工人服务人员（包括办事人员和有关人员，商业服务人员，农林牧渔水利生产人员，等等），我们发现干部和技术人员的工资要明显高于工人服务人员，且在城镇劳动力中这一差距更大（王美艳，2003），进一步将2002年和2007年的数据对比后发现，这种差异还有进一步增大的趋势，城镇劳动力和外来劳动力内部干部和技术人员与工人服务人员的小时工资差异由2002

年的 14.53% 和 9.25% 扩大至 2007 年的 25.01% 和 20.91%。

四 平均工资差异的分解

对于不同群体之间工资差异的分解是在 Blinder（1973）和 Oaxaca（1973）的研究框架下展开的，该方法在收入歧视研究领域已经得到广泛使用，其将工资差异分解为两部分——由劳动力人力资本特征差异带来的可解释部分和劳动力人力资本不能解释的部分即歧视。具体形式可以用公式表示为：

$$\bar{D} = \ln w_{ur} - \ln w_{im} = (\bar{X}_{ur} - \bar{X}_{im})'\beta_{ur} + \bar{X}_{im}'(\beta_{ur} - \beta_{im})$$

其中 $\bar{D}$ 表示群体间平均工资率的差异，$\ln w$ 表示对数小时工资，$\bar{X}$ 表示平均特征向量，β 表示 OLS 估计的特征报酬率。上式中的下标 ur 和 im 分别表示城镇劳动力和外来劳动力，由此，工资的总差异便被分解为由人力资本差异导致的特征差异，即等式右边第一项，和由不同群体报酬率不同导致的系数差异（歧视），即等式右边第二项。

表6-3 **城镇劳动力和外来劳动力工资差异的 BOC 分解**

劳动力工资差异	2002 年	百分比（%）	2007 年	百分比（%）
总差异	0.6583	100.00	0.6021	100.00
特征差异	0.4267	64.82	0.4571	75.92
歧视（系数差异）	0.2316	35.18	0.1450	24.08

Oaxaca - Blinder 分解结果表明，城镇劳动力和外来劳动力之间工资差异主要是由于其本身的人力资本特征引起的，工资分解的特征差异远远大于歧视，2002 年，歧视占总差异的比重为 35.18%，2007 年为 24.08%，都远远小于特征差异所占比重，这一结果接近蔡继明（1998）估计的结果（24.8%），但是要低于蔡昉、都阳、王美艳（2001）的研究结果（76%）。

另外,通过对比 2002 年和 2007 年的数据我们发现,经过五年的发展,外来劳动力受到的歧视程度在不断减小,2007 年工资差异中歧视所占比例比 2002 年下降了 31.56 个百分点。

表 6-4　城镇劳动力和外来劳动力工资差异的解释变量 BOC 分解

	特征差异	百分比(%)	系数差异	百分比(%)
2002 年 Oaxaca – Blinder 分解				
年龄	0.0674	10.24	0.5506	83.64
本单位工作经验	0.3227	49.02	0.0080	1.22
初中以下	0.0470	7.14	0.0374	5.68
高中或中专	0.1328	20.17	0.0173	2.62
大专及以上	0.0618	9.39	-0.0027	-0.42
男性	-0.0012	-0.19	-0.0843	-12.81
有配偶	-0.0006	-0.09	-0.1076	-16.35
培训	0.0139	2.11	-0.0011	-0.17
干部和技术人员	-0.0305	-4.64	0.0302	4.59
其他	-0.1865	-28.33	-0.2161	-32.83
总计	0.4268	64.82	0.2317	35.17
2007 年 Oaxaca – Blinder 分解				
年龄	-0.0645	-10.71	-0.1032	-17.13
本单位工作经验	0.2828	46.97	-0.0565	-9.39
初中以下	-0.0047	-0.78	-0.4200	-69.76
高中或中专	0.1079	17.91	0.0336	5.58
大专及以上	0.0637	10.59	-0.0014	-0.23
男性	-0.0065	-1.08	0.0419	6.96
有配偶	0.0360	5.98	0.0392	6.51
培训	0.0146	2.43	0.0057	0.95

续表

2007 年 Oaxaca – Blinder 分解				
	特征差异	百分比（%）	系数差异	百分比（%）
干部和技术人员	0.1199	19.92	0.0023	0.38
其他	-0.0920	-15.28	0.6142	102.01
总计	0.4572	75.95	0.1567	25.88

表 6-4 给出了更加详细的 Oaxaca – Blinder 分解的情况。从中我们可以看到，首先，城镇劳动力和外来劳动力的本单位工作经验可以很好地解释他们之间工资的差异，2002 年和 2007 年本单位工作经验分别可以解释 49.02% 和 46.97% 的工资差异；其次，2002 年和 2007 年城镇劳动力和外来劳动力的受教育水平可以解释两者工资差距的 36.70% 和 27.72%，这与 Maurer – Fazio 等 (2004) 和邓曲恒 (2007) 的研究类似。

在 Oaxaca – Blinder 分解中，有一个问题需要引起我们的注意，选择不同的参照，即选择 $\bar{X}_{im}\beta_{ur}$ 或 $\bar{X}_{ur}\beta_{im}$ 作为公式中的参照，将会导致分解结果出现一定程度的差异。但是，由于本文主要研究的是 2007 年相对于 2002 年歧视的变化情况，所以上述问题并不会带来严重的影响。

以上我们运用 Oaxaca – Blinder 方法对 2002 年和 2007 年城镇劳动力和外来劳动力的工资差异进行了分解，但是上述的分解只能够表示平均水平下特征差异和歧视的大小以及其变化情况，为了更加详细地了解总差异、特征差异和歧视在整个工资分布区间上的大小及其变化情况，我们进一步做基于分位数回归的反事实分析。

五 城镇和外来劳动力工资差异的分位数分解

下面利用 Machado 和 Mata (2005) 提出的分位数分解方法

进行城镇劳动力和外来劳动力的研究。首先进行的是工资差异的反事实分析（the counter-factual analysis），然后基于反事实分析进行分位数上的分解。

本文采用的反事实分析的基本思想是：如果外来劳动力能够按照城镇劳动力的回报率获得工资的话，那么外来劳动力的工资将会如何，这里定义反事实分布为 $F(y^* \mid X_{im}, \beta_{ur})$，其中 X_{im} 表示影响外来劳动力工资率的人力资本要素，β_{ur} 表示影响城镇劳动力工资率的人力资本要素在某个分位数上的报酬率，y^* 表示如果外来劳动力能够按照城镇劳动力的报酬率获得工资的话，其工资的数值。

实际操作当中，y^* 可以按照如下步骤进行计算。第一步，从均匀分布 U[0,1] 中随机抽取一个容量为 λ 的样本 $u_1, u_2, \cdots, u_\lambda$；第二步，在城镇劳动力样本中，分别在 $\tau = u_1, u_2, \cdots, u_\lambda$ 处进行分位数回归，得到回归系数 β_{ur}^τ；第三步，从外来劳动力样本中有放回地重复随机抽样 λ 次，得到样本表示为 $X_{im}^1, X_{im}^2, \cdots, X_{im}^\lambda$；第四步，将第二步得到的回归系数和第三步得到的样本相乘，求得反事实下的工资 $y_\lambda^* = X_{im}^\lambda \beta_{ur}^\tau$。实际操作中为了精确地描绘 BOC 分解在整个工资区间上的分布，我们分别在分位数 $\tau = 0.01—0.99$ 上进行回归，得到每个分位数上的回归系数 β_{ur}^τ。

有了工资的反事实分布以后，便可以进行基于分位数的工资差异分解，假定在 τ 分位数下城镇劳动力的工资为 y^{ur}，反事实分布工资为 y^*，外来劳动力的工资为 y^{im}，则工资差异分解公式可以表示如下：

$$y^{ur} - y^{im} = (y^{ur} - y^*) + (y^* - y^{im})$$

等式右边第一项为特征差异，第二项为歧视。我们按照上述方法，利用 Bootstrap 技术构建反事实工资分布，对 2002 年和 2007 年城镇劳动力和外来劳动力在第 1 到第 99 个分位数上进行分解，得到图 6-1 和图 6-2。

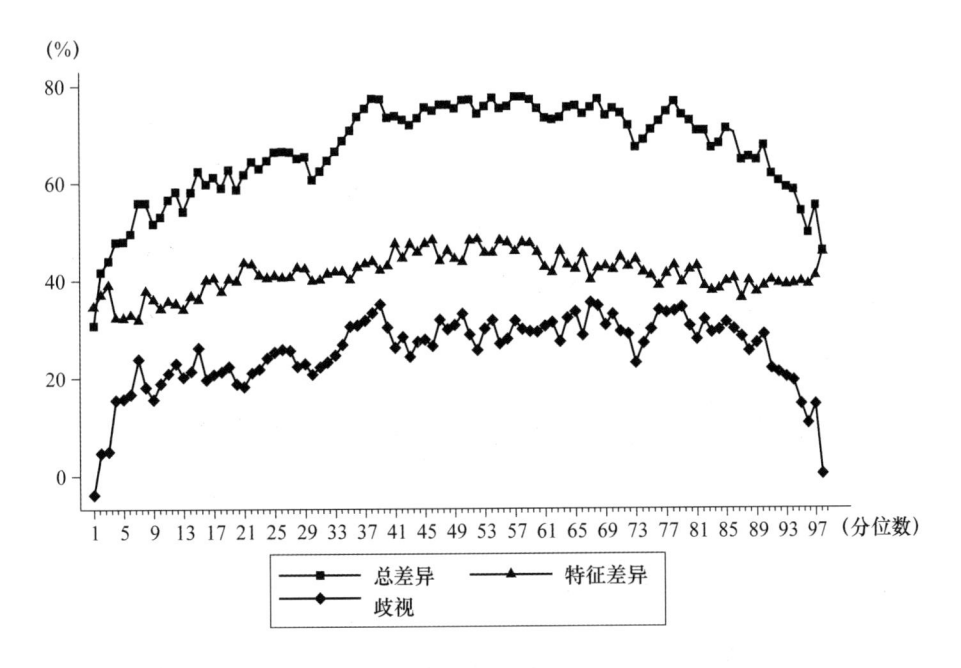

图 6-1　2002 年城镇劳动力和外来劳动力工资差异的分位数分解

数据来源：根据中国居民收入调查数据库（CHIPS）整理。

图 6-1 给出的是 2002 年城镇劳动力和外来劳动力工资差异在第 1 个到第 99 个分位数上的分解结果，三条曲线从上到下分别表示工资总差异、特征差异和歧视。

从三条曲线的整体走势而言，在整个工资区间内，总差异曲线呈倒"U"形，这说明在工资分布的两端城镇劳动力和外来劳动力工资差异较小，而中等收入群体的两类劳动力间工资差异较大；特征曲线基本保持水平，且总是高于歧视曲线意味着特征差异是工资差异的主要来源，这与我们前述的分析一致；歧视曲线的形状与总差异曲线类似，呈倒"U"形，说明在工资分布的两端外来劳动力受到的歧视较小而在工资分布的中部外来劳动力受到的歧视较为严重。

图 6-2 给出的是 2007 年城镇劳动力和外来劳动力工资差异的分位数分解。从图中可以看出，2007 年工资差异的分位数分解呈现出和 2002 年不同的一些特点。在整个工资分布区间内，

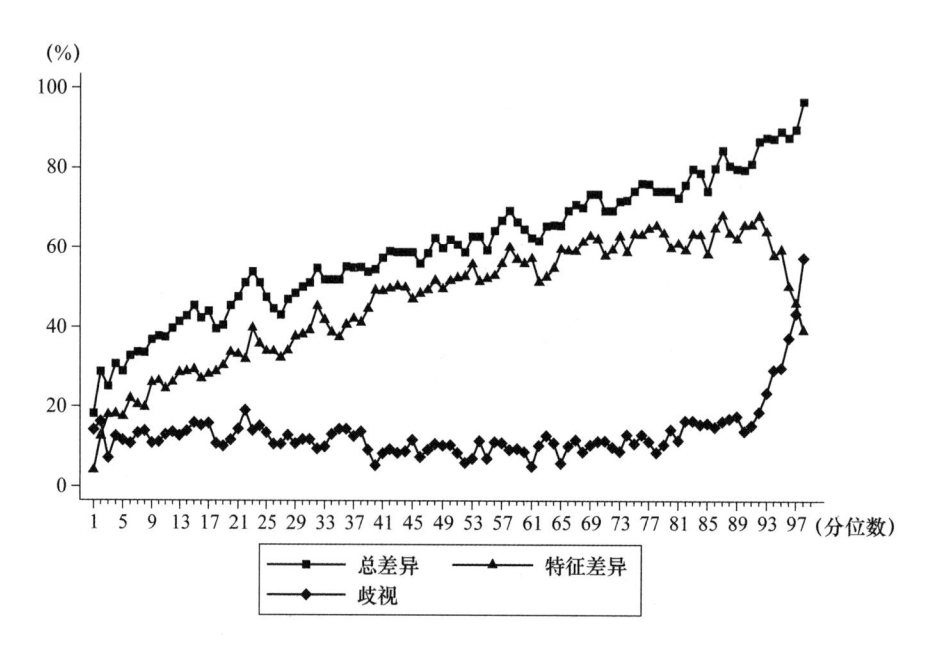

图6-2 2007年城镇劳动力和外来劳动力工资差异的分位数分解

总差异曲线单调递增，这说明随着工资的增加，两类劳动力之间的工资差异也在不断扩大。特征差异曲线总体位于歧视曲线之上说明特征差异是工资差异的主要来源，这也印证了我们前面的分析。值得注意的是，特征差异曲线在第9个分位数以前单调增加，然后出现下降，而歧视曲线在第9个分位数之前基本稳定在20%左右，之后出现上升的趋势。

为了更加详细地描述2002—2007年外来劳动力所受到的歧视在整个工资分布区间内的变化情况，我们将图6-1和图6-2中歧视和总差异的比例表示在图6-3中。

图6-3给出了2002年和2007年歧视/总差异比例在整个工资分布区间内的大小比较情况，从两条曲线的整体走势而言，2002年歧视/总差异比例曲线呈现倒"U"形，说明在工资分布的两端，外来劳动力所受歧视较小，而在工资分布的中部受到的歧视较为严重；2007年歧视/总差异曲线呈现出和2002年完全相反的正"U"形，从而表示的经济含义也和2002年完全相反。

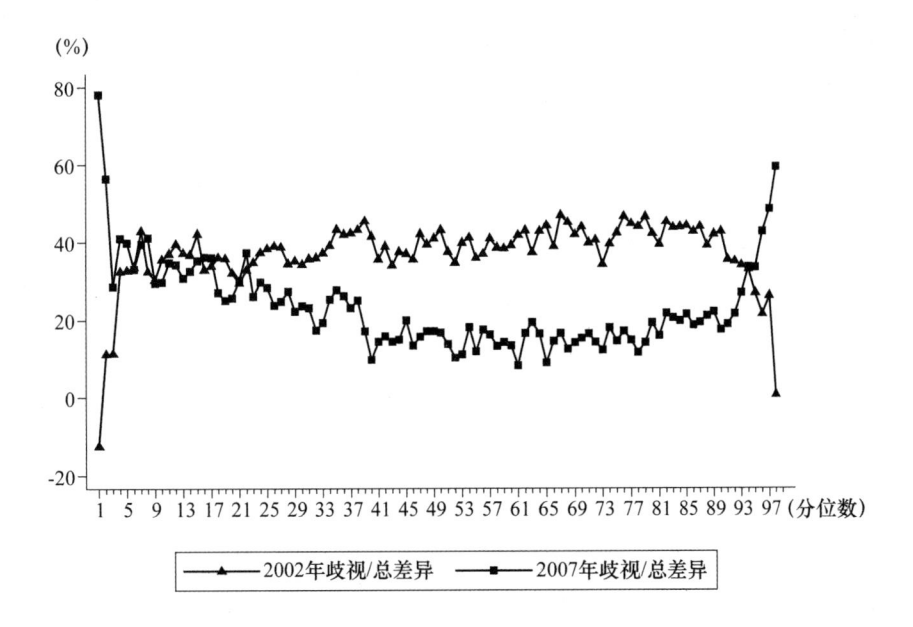

图 6-3 2002 年和 2007 年歧视/总差异比例

从两条曲线的关系上来看，2007 年歧视/总差异比整体上要小于 2002 年歧视/总差异比，更加详细地讲，在第 23 个分位数到第 93 个分位数之间，2007 年的歧视/总差异比要小于 2002 年的歧视/总差异比，这说明位于该区间内的外来劳动力所受到的歧视状况得到了改善。从第 9 个分位数到第 23 个分位数之间，2007 年和 2002 年的歧视/总差异比没有发生明显变化，这说明位于该区间内的外来劳动力受到的歧视情况无明显变化。对于工资分布位于第 9 个分位数以前和第 93 个分位数以后的外来劳动力而言，2007 年歧视/总差异比要大于 2002 年该比例，说明外来劳动力受到的歧视更加严重了。

上述分析的政策含义是明显的，试图改善外来劳动力受歧视状况，提高外来劳动力工资的措施主要是在中高收入者阶层发生了作用，处于这一阶层的外来劳动力受到的歧视状况有所改善，但是对于低收入者群体而言，他们受到的歧视状况并没有明显的改善，甚至对于少数极低收入者而言，他们受到的歧视更加严重了,另外,少数拥有极高收入的外来劳动力受到的歧视程度也有增加的情况,这不得不引起我们的注意。

六 结论

分析表明,中国城镇劳动力市场上存在对城镇劳动力和外来劳动力之间的歧视,外来劳动力在城镇劳动力市场上处于不利的市场地位。分析结果表明,城镇劳动力和外来劳动力工资差异的主要原因是他们自身人力资本方面的差异,这占到总差异的64.82%(2002年)和75.92%(2007年),而本单位工作经验和受教育水平是最主要的导致工资差异的人力资本要素。

更进一步的基于分位数回归的反事实分析将歧视的变化在整个工资分布上进行分解,分解的结果表明,对于工资分布位于第2个分位数到第9个分位数的广大外来劳动力而言,他们受歧视的情况得到了改善;而工资分布位于第2个十分位数以下的外来劳动力受到的歧视基本保持不变甚至发生恶化;另外,工资分布位于第93个分位数以上的外来劳动力受歧视的情况也出现恶化。

另外需要注意,上述分析的歧视变化只是涉及劳动力收入方面,除此以外,外来劳动力在工资、养老保险、医疗保险、失业保险等方面均遭到相当大的户籍歧视,因此,实际情况下外来劳动力受到的歧视可能会更严重(姚先国等,2004),2002—2007年受歧视的变化情况可能也会有所不同。

(二)户籍歧视与收入不平等关系研究
——基于分位数回归模型的视角

本节基于 CGSS 2006 数据集,研究了劳动力市场的收入不平等现象,着重分析户籍歧视对劳动者收入水平的影响。研究表明,教育能够为劳动者带来正向收益,但不同户籍的回报率各不相同。义务教育在农村无法充分普及,使当前对农业户口群体增加教育投资,会进一步扩大内部收入差距,而非农户口群体则恰好相反。同时,对于农业户口持有者,男性劳动者收入要比女性收入高出约50%,表明性别歧视现象在农业户口群体中更为严重。基于反事实技术分析可以发现,收入分布的中位数分位点处,农业户口与非农户口劳动者之间的收入差异主要由户籍歧视来解释,解释比例高达95%,户籍制度是导致劳动力市场收入不平等的主因。基于全文分析,本文认为,缩小城乡之间、城乡内部收入差距的首要任务,在于加大教育投资和深化户籍制度改革。

一 引言

近年来,随着我国社会经济的发展,收入差距也在不断地扩大,成为社会各界广泛关注的问题(李实、岳希明,2004)。在这一过程中,两方面的事实非常引人关注。首先是城乡收入差距的不断扩大。到2005年城镇居民人均年可支配收入与农村居民人均年纯收入的比例已经从1990年的2.2∶1上升到3.2∶1。城乡之间的收入差距成为导致中国收入差距加大的重要原因。其次,城乡收入差距的加大在很大程度上造成越来越多的农村户口持有者离开户口所在地到城镇地区打工。城镇地区劳动力市场中持有农村户口的务工人员所占的比重也不断增加。据相关估计,农村户口持有者在整个城镇劳动力市场中的比重占20%以上,在一些吸收外来务工人员较多的省份(比如浙江、福建和广东),劳动力市场中农村户口持有者所占的比重甚至超过了50%。比例的不断增加使持有农村户口的务工人员成为城市经济发展进程中不可忽视的一部分。此外,这一务工群体数量的增加也是我国在转型和发展的过程中,劳动力市场进一步完善、劳动力流动限制进一步放松、非公经济进一步发展的结果(王美艳,2005a)。但是,尽管农村户口持有者与城镇职工同处于城镇地区这样一个大的市场，然而两者在岗位获得、社会保障、公共服务以及经济收入等方面存在诸多差异。而农村户口持有者的收入问题、合法权益问题也是近年来全社会关注的焦点问题。

众多研究发现，即使在控制了人力资本（教育水平、工作经验、培训等）、企业特征（企业所有制类型等）、个体特征（性别、婚姻状况）等可能影响工资水平的因素之后，城镇职工与农村户口持有劳工之间仍然存在显著的工资差异（姚先国等，2004；王美艳，2005a；田丰，2010）。那么，户籍工资差异究竟是由哪些因素造成的？其中哪个因素是最重要的？针对第一个问题，主流观点认为人力资本水平差异和户籍歧视是造成两者工资差异的可能原因。其中，多数研究采用 Oaxaca 分解或 Brown 分解法以及相关的改进方法，将城镇劳动力市场上的户籍工资差异分解为可解释部分（可由人力资本等个人禀赋差异得到解释）和不可解释部分（通常被理解为劳动力市场上的户籍歧视）。而对于人力资本差异和歧视哪个因素对户籍工资差异的影响度更大，已有研究存在较大的分歧。部分学者的研究表明，歧视是造成户籍工资差异的最主要因素，有超过50%的工资差异应归结于歧视（谢嗣胜、姚先国，2006；邓曲恒，2007）。但另一些研究则显现出人力资本差异才是造成户籍工资差异的最主要因素（王美艳，2005a；邢春冰，2008）。

本文基于 CGSS 2006 的数据集，采用分位数模型和反事实分析技术发现，收入分布的中位数分位点处，城乡之间的收入差异主要由户籍歧视来解释，解释比例高达95%，户籍制度是导致劳动力市场收入不平等的主因。

二 文献综述

中国的城镇劳动力市场的劳资关系不仅在不同所有制企业中存在各自特征和区别，而且在不同身份的工人之间也存在不容忽视的差异，即使在同一企业中，工人们也经常被明显地区别对待：一些最重、最脏、最不体面的工作总是被分派给某一类工人；一些工人拥有或多或少的社会福利，而另一些工人则很少或无任何福利；一些工人工作相对稳定，而另一些则必须面临随时被解雇的威胁；等等。然而，这类区别对待并不主要是基于工人们的生产力差别，而主要是基于工人们的身份差别——城市与农村的户籍差别。一项研究（蔡继明，1998）表明，城乡户籍歧视解释了中国城乡收入差别中的24.8%。另一项社会学研究（李强、唐壮，2002）则显示，中国城市农民工就业实际是一种典型的非正规就业，农民工在劳资关系的各个方面都遇到严重问题。

从经验上研究中国城镇劳动力市场上的户籍工资差异及其影响因素的文献大多采用Oaxaca分解或Brown分解法以及相关的改进方法，讨论户籍工资差异中的可解释部分和不可解释部分。其中，不可解释部分通常被理解为劳动力市场上的户籍歧视。少数研究采用了半参数回归或者分位数回归的方法对户籍工资差异进行估计。

Meng和Zhang（2001）采用Oaxaca分解法，利用上海市的调查数据对户籍工资差异进行分析，研究结果表明，城市居民和流动人口收入差异的50.82%是由歧视造成的。姚先国、赖普清（2004）采用类似的方法，利用浙江省企业与农村劳动力调查数据分析了不同户籍劳动者在经济福利上存在的显著差异。他们的研究结果表明，人力资本水平的差异和工人就业企业的差异可以解释不同户籍工人工资收入差异的70%，而由户籍歧视所造成的差距比例达到了30%。同时，他们还考察了两类工人在社会保障、签订劳动合同、工会参与行为等方面的差异。谢嗣胜、姚先国（2006）则在此基础上，利用Cotton提出的方法解决了Oaxaca-Blinder分解中的"指数基准"问题，他们发现劳动力市场歧视能够解释企业中城市工人与农民工收入差异的 55.2%。邢春冰（2008）利用 2005 年全国人口普查数据得到的分解结果表明，户籍歧视造成的收入差异仅为总差异的 10%，而农民工与城镇职工小时工资收入的差异有 90% 左右是由劳动者的人力资本差异造成的。其中，教育始终是造成户籍工资收入差距的最主要原因。

鉴于上述研究所采用的分解方法并不能分解出职业（行业）分布差异和同工不同酬对工资差异的影响。因此，部分学者采用了在 Oaxaca 分解框架的基础上发展起来的 Brown 分解法对城市工人与农民工收入差距进行分解。王美艳（2005a）利用中国社会科学院在上海、武汉和沈阳等五个城市的调研数据估计了本地工人与外来工人的就业岗位差异和工资差异，发现两者之间工资差异的 43% 是由歧视等不可解释的因素造成的，岗位间的工资差异对总工资差异的作用（59%）大于岗位内的工资差异的作用（41%）。金成武（2009）利用国家统计局 2006 年城乡人口的调查数据，研究了城镇劳动力市场上不同户籍就业群体的工资收入差异。研究结果表明，个人特征差异及行业差异并不能解释全部的收入差异，这种差异很可能是由不同户籍就业群体在经济福利方面的差异所导致的。田丰（2010）则在人力资本理论和劳动力市场分割理论的框架下，选择 2008 年社会状况综合调查数据中城市工人和农民工样本进行研究。他们的结论与王美艳（2005a）的结论基本一致，发现单位之间的收入差异是总体收入差距的主要部分，而人力资本差异能够解释收入差距的 36.2%。

无论是 Oaxaca – Blinder 分解法还是 Brown 分解法以及相关的扩展方法都是基于平均工资的分解，这种研究方法不能够解释户籍工资差异的严重程度随着工资分布位置变化的现象。少数学者采用分位数回归（Quantile Regression）和分解方法对我国劳动力市场上的户籍工资差异进行了估计。邓曲恒（2007）利用中国社会科学院 2002 年的 CHIP 数据，对流动人口与城镇居民的工资收入差异进行了 Oaxaca 分解和分位数分解。Oaxaca 分解结果显示，城镇居民和流动人口收入差异的 60% 是由歧视造成的，而进一步的分位数分解结果则表明，在中等收入和低收入人群中，造成城镇居民和流动人口收入差距的最主要原因是户籍歧视，但在高收入人群中，人力资本差异才是最主要的原因。另有学者利用半参数方法讨论了农民工与城镇职工小时工资收入差距的形成原因。邢春冰、罗楚亮（2009）根据 2005 年全国人口普查数据，利用 DFL 分解和综合技能模型两种半参数方法讨论了户籍工资收入差距的形成原因。DFL 分解结果显示，当农民工面对城镇职工的技能价格时，其收入不仅不会增加，反而略有下降。综合技能模型的结果表明农民工的技能回报是非线性的，高技能的农民工面临更高的回报率。

后文的结构安排如下：第三部分是模型设定，构建分位数回归模型，并使用反事实分析技术对户籍分割现象的影响因素进行分解；第四部分是本文的数据描述；第五部分是实证结果，从中可以发现，教育投资在不同户籍身份特征群体之间的作用差异，以及户籍制度对城乡收入差距之间的影响；第六部分是本文的结论。

三 模型设定

1. 分位数回归模型

给定随机样本 $\{y_i, x_i\}_{i=1}^{N}$，其中，y_i 是被解释变量，x_i 是 $K \times 1$ 维的解释变量。为考察解释变量 x_i 对被解释变量 y_i 的影响，传统的计量模型通常将 y_i 的条件期望设定为解释变量 x_i 的线性函数，即 $E(y_i|x_i) = x_i'\beta$。与此不同的是，分位数回归模型将被解释变量 y_i 的条件分位点设定为解释变量 x_i 的线性函数。由于分位数回归模型估计的是被解释变量 y_i 的分位，实际上相当于直接对 y_i 的分布作推断，因此，该模型可以很方便地用于反事实分析，其估计结果亦具有非常丰富的经济含义。

依照 Koenker 和 Bassett 等（1978）的思路，可以设定如下的条件分位数模型：

$$F_{Y|X}^{-1}(\tau|x_i) = x_i'\beta(\tau), \forall \tau \in (0, 1)$$

其中，$F_{Y|X}^{-1}(\tau|x_i)$ 是被解释变量 y_i 基于解释变量 x_i 条件下的第 τ 个分位点，参数 $\beta(\tau)$ 被设定为参数 τ 的函数，它表示在 y_i 条件分布特定的分位点下，x_i 对 y_i 的边际效应。理论上，对一个分布函数会存在无限个分位点，其对应的参数 $\beta(\tau)$ 也有无限个。但实际上，研究者通常只对特定的分位点感兴趣，如中位数，或者有限个分位点，如十分位数。因此，在实证分析中，一般只考察有限个分位点的集合：$\{\tau_j, j = 0, 2, \cdots, J\}$，且 $\tau_0 = 0$，$\tau_j = 1$。

Koenker 和 Bassett 等（1978）在文中给出了确定参数 $\beta(\tau)$ 估计量的方法：

$$\hat{\beta}(\tau) = \underset{b \in R^K}{\mathrm{argmin}} \frac{1}{N} \sum_{i=1}^{N} (y_i - x_i b)[\tau - I(y_i \leqslant x_i b)]$$

其中，函数 $I(\cdot)$ 表示示性函数，当括号中的表达式为真时取值为 1，表达式为假时取值为 0。估计参数 $\hat{\beta}(\tau)$ 通常使用线性规划方法，其标准误则可通过 bootstrap 抽样计算得到。

进行反事实分析，需要获得关于被解释变量 y_i 分布函数的信息，即 y_i 的无条件分位数。而事实上，模型只能计算出 y_i 基于 x_i 的条件分位数，并不能用于对 y_i 的边缘分布进行推断。对此，Melly 等（2005）建议使用积分的数学方法来估计 y_i 的无条件分位数，具体为：

$$q_0 = F_Y^{-1}(\theta) \Leftrightarrow \int I(y \leqslant q_0) \mathrm{d}F_Y(y) = \theta$$

$$\Leftrightarrow \int \left(\int I(y \leqslant q_0) f_{Y|X}(y|x) \mathrm{d}y \right) \mathrm{d}F_X(x) = \theta$$

$$\Leftrightarrow \int \left(\int_0^1 I(F_{Y|X}^{-1}(\tau|x) \leqslant q_0) \mathrm{d}\tau \right) \mathrm{d}F_X(x) = \theta$$

其中，q_0 表示被解释变量 y_i 的第 θ 个无条件分位点对应的取值。

由于积分运算本质上是求和运算的极限形式，因此，给定一个随机样本，可以使用样本的求和来作为总体积分的近似，同时，将式代入式的最后一个等式中，可以得到无条件分位数的估计量：

$$\hat{q}(\hat{\beta}, x) = inf\left\{q: \frac{1}{N}\sum_{i=1}^{N}\sum_{j=1}^{J}(\tau_j - \tau_{j-1})I[x_i'\hat{\beta}(\tau_j) \leq q] \geq \theta\right\}$$

Melly 等（2005）在文中指出，$\hat{q}(\hat{\beta}, x)$ 是 q_0 的一致估计量，并且服从渐进正态分布。由于 $\hat{q}(\hat{\beta}, x)$ 的渐进方差阵难以计算，实证研究中通常使用 bootstrap 的方法确定其标准误，并进行统计推断。

2. 分布差异的分解

分位数回归模型的一个优势在于，其所构造的无条件分布能够方便地用于反事实分析。对于劳动力市场中的户籍分割现象，反事实分析技术能够将户籍分割程度分解为三类因素的影响，包括：劳动者自身的内在素质差异、户籍身份所带来的劳动者歧视因素，以及不可观测扰动的作用。

对于任一分布函数，中位数通常被作为该分布中心趋势（Central Tendency）的一个度量指标，因此，劳动者的工资方程可设定为如下形式：

$$y_i^s = x_i^{s'}\beta^s(0.5) + u_i^s, s = 0, 1$$

其中，$\beta^s(0.5)$ 为中位数回归中的系数参数，u_i^s 为扰动项。当 $s = 0$ 时，表示劳动者持有的是农业户口，当 $s = 1$ 时，表示劳动者持有的是非农户口。

在获得系数参数的估计量 $\hat{\beta}^s$ 之后，结合对应的样本 x^s，就能估计出真实分布的分位数 $\hat{q}(\hat{\beta}^s, x^s)$。而反事实分析考察的重点在于，匹配不同的系数估计量 $\hat{\beta}^s$ 与样本 x^s，即 $(\hat{\beta}^1, x^0)$ 或 $(\hat{\beta}^0, x^1)$，由此估计出反事实分布的分位数 $\hat{q}(\hat{\beta}^1, x^0)$ 或

$\hat{q}(\hat{\beta}^0, x^1)$。它实际上是基于这样一个反事实实验：如果使用非农户口劳动者的回报率 $\hat{\beta}^1$，基于农业户口劳动者的变量特征 x^0，能够获得怎样的收入水平？或者说，如果使用农业户口劳动者的回报率 $\hat{\beta}^0$，基于非农户口劳动者的变量特征 x^1，又能够获得怎样的收入水平？而农业劳动者与非农业劳动者之间的收入水平差异，即为反事实实验中变化的因素的作用，包括系数 β、变量 x，以及不可观测的扰动，它实际上可以近似看作一种控制实验，用于将不同因素的综合影响分解为各自作用的特定成分。

与式类似，反事实分布的分位数可以通过下式求得：

$$\hat{q}(\hat{\beta}^0, x^1) = \inf\left\{q: \frac{1}{N}\sum_{i=1}^{N}\sum_{j=1}^{J}(\tau_j - \tau_{j-1})I(x_i^{1'}\hat{\beta}^0(\tau_j) \leq q) \geq \theta\right\}$$

其中，$\hat{q}(\hat{\beta}^0, x^1)$ 是收入水平反事实分布的第 θ 个分位点。因此，$\hat{q}(\hat{\beta}^0, x^1)$ 与 $\hat{q}(\hat{\beta}^0, x^0)$ 之间的差异就体现了劳动者自身素质特征差异对收入水平造成的影响。

同样的，$\hat{q}(\hat{\beta}^1, x^1)$ 与 $\hat{q}(\hat{\beta}^0, x^1)$ 的差异则体现了参数异质对收入水平的作用，反映了劳动者户籍身份差异所导致的歧视因素。然而，这里使用的参数是系数估计量 $\hat{\beta}^0$、$\hat{\beta}^1$，而非真值 β^0、β^1，其中包含了考虑扰动项的作用。因此，$\hat{q}(\hat{\beta}^1, x^1)$ 与 $\hat{q}(\hat{\beta}^0, x^1)$ 的差异度量了两方面的作用：户籍身份的歧视因素（即真实系数参数的差异）与不可观测扰动的影响。

为了将扰动的影响从中分离出来，Melly（2005）提出可以使用 $x'[\hat{\beta}(\tau) - \hat{\beta}(0.5)]$ 作为扰动项条件分布第 τ 个分位点的一致估计，并以此来刻画不可观测扰动对收入水平的影响。具体而言，记 $\hat{\beta}^{1,0}(\tau_j) = \hat{\beta}^1(0.5) + \hat{\beta}^0(\tau_j) - \hat{\beta}^0(0.5)$，它由非农户口劳动者的系数参数与农业户口劳动者的扰动共同组成。此时，反事实分位数 $\hat{q}(\hat{\beta}^1, x^1)$ 与 $\hat{q}(\hat{\beta}^{1,0}, x^1)$ 的差异体现了不可观测扰动的作用，而 $\hat{q}(\hat{\beta}^{1,0}, x^1)$ 与 $\hat{q}(\hat{\beta}^0, x^1)$ 的差异则反映了户籍身份的歧视因素的作用。

因此，通过反事实分析技术，可以将劳动力市场中的户籍分割程度依次分解为三方面的作用。

$$\hat{q}(\hat{\beta}^1, x^1) - \hat{q}(\hat{\beta}^0, x^0) = [\hat{q}(\hat{\beta}^1, x^1) - \hat{q}(\hat{\beta}^{1,0}, x^1)] + [\hat{q}(\hat{\beta}^{1,0}, x^1) - \hat{q}(\hat{\beta}^0, x^1)] + [\hat{q}(\hat{\beta}^0, x^1) - \hat{q}(\hat{\beta}^0, x^0)]$$

其中，$\hat{q}(\hat{\beta}^1, x^1) - \hat{q}(\hat{\beta}^0, x^0)$ 度量了总的户籍收入分割程度，$\hat{q}(\hat{\beta}^1, x^1) - \hat{q}(\hat{\beta}^{1,0}, x^1)$ 表示不可观测扰动对收入水平的作用，$\hat{q}(\hat{\beta}^{1,0}, x^1) - \hat{q}(\hat{\beta}^0, x^1)$ 表示户籍身份的歧视因素，$\hat{q}(\hat{\beta}^0, x^1) - \hat{q}(\hat{\beta}^0, x^0)$ 表示劳动者自身素质特征对收入水平的影响。

四 数据描述

本文将使用2006年中国综合社会调查（Chinese General Social Survey, CGSS 2006）提供的数据集进行实证分析。该项调查由中国人民大学社会学系和香港科技大学调查研究中心共同主持，是中国第一个全国性、综合性、连续性的大型社会调查项目，主要目的是了解当前我国城镇居民的就业、工作和生活情况，以及对当前一些社会问题的看法。此次调查采用了分层的四阶段不等概率抽样方法，按照区（县）、街道（乡镇）、居（村）委会、住户和居民四级，对全国125个县（区）、500个街道（乡、镇）、1000个居（村）委会、10000户家庭中的个人进行调查。CGSS 2006的调查问卷分为农村卷和城市卷，尽管两部分略有差异，但都涵盖了个人基本情况、工作经历、婚姻状况、家庭与社会经济活动以及态度、意识、认同与行为评价这几个模块。考虑到城乡之间的生活水平存在很大差异，这种生活成本的差距会进一步扩大城乡两地劳动者收入水平的差距，不同地区的生活成本通常会使当地的劳动力市场存在一个隐性的最低工资，而CGSS 2006数据集中并没有提供关于被访者所在地区生活成本的度量指标，如CPI，遗漏了城乡生活成本指标，将导致模型无法刻画生活成本所带来的工资差异。因此，为了避免这一问题，本文将研究对象限定为城市卷的被访者，保证他们生活在同一地区,面临着同样水平的生活成本。

在本文的分析中,被解释变量是个人的收入水平,显然,个人的职业类型对其收入水平有着非常重要的影响。因此,本文的职业变量用被访者的目前职业表示①。在进行对具体职业的填写时,被访者按照工作部门、工作职责/工作内容和工作岗位/工种名称这三个要素来描述其职业,然后由访问员直接记录,并在问卷回收后统一根据人口普查的职业编码进行后编码。总的来说,人口普查的职业编码可以分为九大类:①国家机关、党群组织,企业、事业单位负责人;②专业技术人员;③办事人员和有关人员;④商业工作人员;⑤服务性工作人员;⑥农、林、牧、渔、水利业生产人员;⑦生产工人、运输工人和有关人员;⑧警察及军人;⑨不便分类人员。除了按照这九大类职业标准划分之外,CGSS 2006 的数据集还依据国际标准职业分类(International Standard Classification of Occupations,ISCO)和 10 类 EGP 职业编码(见 Erikson 等,1979)分别对职业类别进行界定。本文参照已有文献的处理方法,采用了由 Featherman 和 Hauser 等(1978)提出的 6 大类职业的 EGP 编码。表 6 - 5 给出了 10 类 EGP 职业编码与 6 类职业 EGP 编码的对应关系。

结合已有文献,本文还使用了劳动者的人力资本积累、性别、年龄三方面的因素作为解释变量。理论上,人力资本是指存在于人体之中的具有经济价值的知识、技能和体力(健康状况)等质量因素之和,常用的度量指标有教育水平、在职培训经历等。本文将使用个人受教育年限作为人力资本的测度。在本文的分析中,并没有考虑工作经验的作用,而是采用了年龄

---

① 目前职业指的是被访者目前或最后的那份职业,倘若目前有多份职业,则记录被访者认为最主要的那份职业;如果被访者以前工作过,但目前因各种原因而没有再工作,则询问其最后从事的那份职业情况。

表6-5　10类EGP职业编码与6类职业EGP编码的对应关系

10类EGP职业编码	6类职业EGP编码
Ⅰ.大资本家、高级专业技术人员和经理人	6.管理者和专业技术人员
Ⅱ.低级专业技术人员和经理人	
Ⅲ.常规非体力劳动者	5.一般办事人员
Ⅳa.有雇员的小业主	4.小业主及个体户
Ⅳb.没有雇员的小业主	
Ⅴ.低级技术人员和体力管理者	3.一般技术工人
Ⅵ.熟练的体力工人	
Ⅶa.无技术/半熟练的体力工人	2.体力劳动者
Ⅳc.自雇用的农场主	1.农业劳动者
Ⅶb.（无技术的）农业劳动者	

及其平方项作为解释变量。对于劳动者个体而言，其职业生涯通常会发生多次职业更替，并不是每一次工作的经验都能显著提高他当前职业的工资水平，通常是那些与他当前工作相类似的工作经验，才能对他的收入水平带来正向作用。另外，许多研究者（如Gordon和Roger，1984；Solon等，1991；Mazumder和Bhashkar，2001；Baker和Solon等，2003）认为，劳动者所处的年龄阶段与其收入水平有着显著的相关关系，两者关系呈现出倒"U"形曲线。并且，劳动者的年龄与其工作经验存在线性关系，因此，年龄对收入水平的作用体现了工作经验的影响。因此，本文的实证分析中选用年龄变量来代替工作经验变量。为对应性别变量，这里使用的是虚拟变量，取值为1表示男性，0表示女性。

对于劳动者的收入水平，本文考虑了两种度量指标：个人月工资收入、个人全年总收入，并取其对数值。个人月工资收入是文献中常用的收入水平度量指标，之所以同时考虑后者，是因为对于某些劳动者,其收入并不是按月计算的,如农业劳动者,他们的收入水平使用全年总收入来度量更为合理。另外,对于个人的户籍身份特征,本文将根据被访者目前的户籍性质来确定,简单地划分为非农户口和农业户口①。

经过数据整理,最终得到了5961个观测值,其中,由于调查数据缺失,个人月工资收入变量的观测值数为4695,个人全年总收入变量的观测值数为5555。表6-6给出了样本数据的基本统计描述。

表6-6　　　　　　　　　统计描述

变量	样本量	均值	标准差	最小值	最大值
月收入对数	4695	6.746	0.797	1.386	12.21
年收入对数	5555	9.083	0.927	2.996	13.42
受教育年限	5961	9.767	3.290	1	23
年龄	5961	41.71	13.02	18	70
性别	5961	0.524	0.499	0	1
职业1	5961	0.031	0.174	0	1
职业2	5961	0.185	0.388	0	1
职业3	5961	0.219	0.414	0	1
职业4	5961	0.140	0.347	0	1

---

① CGSS 2006数据集对户籍身份有着清晰的界定。户籍身份指的是被访者在户籍登记中的户口状况,分为"农业户口"和"非农户口"两种。其中,非农户口又包括"城镇户口"和"蓝印户口"。蓝印户口是指某些城市对满足一定条件的外来人口进行登记的一种过渡性的、非正式的城市户口,因其户籍卡上加盖的蓝色户籍印章(区别于正式户口的红印)而得名。尽管蓝印户口在登记上并没有立即取消原来的户籍,但是持蓝印户口者享有大部分与城市市民相同的待遇,因而本文将城镇户口和蓝印户口视为等同。

续表

变量	样本量	均值	标准差	最小值	最大值
职业5	5961	0.225	0.417	0	1
职业6	5961	0.200	0.400	0	1
户籍身份	5961	0.682	0.466	0	1

注：6种职业类型分别是：1.农业劳动者；2.体力劳动者；3.一般技术工人；4.小业主及个体户；5.一般办事人员；6.管理者和专业技术人员。

由表6-6可知，样本中被访者的平均受教育年限超过了9年，即在初中文化程度之上。户口变量的均值比较接近1，而非0，其原因主要是数据处理时剔除了农村卷部分的样本。另外，劳动者的职业类型多集中在第3类与第5类，即一般技术工人与一般办事人员，而农业劳动者的人数较少，仅占3.1%。

表6-7给出了不同户籍身份特征关于个人收入、受教育年限和年龄的统计描述。从表6-7可以看出，样本中被访者约2/3持有非农户口，并且，他们的收入水平与受教育年限都比农

表6-7　　　　　　　　城乡户籍的样本信息

变量	户籍身份	样本量	均值	标准差	最小值	最大值
月收入对数	农村	1254	6.609	0.819	1.609	12.21
	城市	3441	6.796	0.783	1.386	11.62
年收入对数	农村	1786	8.698	1.013	4.605	13.42
	城市	3769	9.266	0.823	2.996	13.12
受教育年限水平	农村	1894	8.164	2.721	1	19
	城市	4067	10.51	3.266	1	23
年龄	农村	1894	36.96	11.83	18	69
	城市	4067	43.92	12.95	18	70

业户口持有者要高。从年龄上看,农业户口持有者更为年轻,他们主要是一些进城务工的打工子弟,年龄稍大又拿不到城市户口的务工者,通常会选择返乡而非逗留城市,因此,年龄较之于非农户口的劳动者更低。另外,农业户口持有者的收入水平均低于非农户口持有者,但前者的标准差却比后者的大,反映了农业户口持有者的收入分布更为分散,组内收入不平等程度更为严重。

五 实证结果

1. 分位数模型的边际效应估计

表 6-8 报告了特定分位点下,分位数模型参数的估计结果,估计量的标准误通过 bootstrap 的方法来计算,模拟次数为 100 次。根据劳动者的户籍身份特征,样本被分割成两组,分别为农业户口持有者与非农户口持有者。模型中考察的分位点包括 0.5 分位点,即条件分布的中位数,能用于刻画经验分布的集中程度;0.1 与 0.9 分位点,分别是条件分布的下十分位点与上十分位点,二者之间的差异可以用于描述组内的不平等程度,即拥有相同户籍身份特征的劳动者工资水平的差异。另外,对于劳动者的收入水平,表 6-8 分别报告了两种度量指标得到的估计结果,分别是个人月工资收入、个人全年总收入,并取其对数值。

由表 6-8 可以看出,收入水平处于样本经验分布中位数的劳动者,接受更多的教育能够带来收入水平的显著增加,无论是对农业户口持有者还是非农户口持有者,教育回报均显著为正。对处于中位数分位点的劳动者而言,非农户口持有者的教育回报率高于农业户口持有者,从平均意义上看,对农业户口持有者进行多一单位的教育投资而带来的收入增加,并不能达到与非农户口持有者同样的回报水平。对于性别变量,无论是农业户口还是非农户口,他们的系数估计在中位数模型中均显

表6-8 分位数回归的参数估计结果

变量	月工资收入的对数值				全年总收入的对数值			
	$\hat{\beta}(0.5)$		$\hat{\beta}(0.9)-\hat{\beta}(0.1)$		$\hat{\beta}(0.5)$		$\hat{\beta}(0.9)-\hat{\beta}(0.1)$	
	农村	城市	农村	城市	农村	城市	农村	城市
受教育年限水平	0.061***	0.073***	0.042**	-0.016	0.076***	0.082***	0.054**	-0.021*
	(0.009)	(0.005)	(0.018)	(0.012)	(0.009)	(0.004)	(0.025)	(0.012)
年龄	0.017	-0.002	0.042	0.008	0.023**	-0.010	-0.003	0.019
	(0.012)	(0.008)	(0.026)	(0.013)	(0.011)	(0.008)	(0.029)	(0.017)
年龄平方项	-3.6E-4**	-1.6E-5	-3.1E-4	-9.1E5	-4.9E-4***	7.4E-5	1.1E-4	-3.8E-4**
	(1.6E-4)	(8.6E-5)	(3.6E-4)	(1.4E-4)	(1.3E-4)	(8.6E-5)	(4.1E-4)	(2.8E-4)
性别	0.299***	0.265***	0.003	-0.009	0.456***	0.280***	-0.125	0.037
	(0.048)	(0.026)	(0.091)	(0.054)	(0.048)	(0.025)	(0.119)	(0.065)
职业2	0.294*	0.293	-1.164*	-1.058	-0.186	0.268**	-0.397	-0.378
	(0.162)	(0.268)	(0.691)	(0.780)	(0.139)	(0.119)	(0.246)	(0.405)
职业3	0.364**	0.277	-1.156	-1.118	-0.048	0.241**	-0.318	-0.563
	(0.166)	(0.265)	(0.704)	(0.769)	(0.147)	(0.115)	(0.250)	(0.406)

续表

变量	月工资收入的对数值				全年总收入的对数值			
	$\hat{\beta}(0.5)$		$\hat{\beta}(0.9)-\hat{\beta}(0.1)$		$\hat{\beta}(0.5)$		$\hat{\beta}(0.9)-\hat{\beta}(0.1)$	
	农村	城市	农村	城市	农村	城市	农村	城市
职业4	0.466**	0.409	-0.265	-0.593	0.320**	0.471***	0.0590	-0.014
	(0.182)	(0.277)	(0.735)	(0.784)	(0.137)	(0.121)	(0.283)	(0.421)
职业5	0.323*	0.307	-1.122	-1.096	0.261*	0.300***	-0.224	-0.466
	(0.168)	(0.264)	(0.698)	(0.766)	(0.151)	(0.113)	(0.270)	(0.394)
职业6	0.127	0.475*	-0.361	-1.017	0.102	0.423***	-0.080	-0.525
	(0.180)	(0.265)	(0.701)	(0.776)	(0.158)	(0.115)	(0.314)	(0.407)
常数项	5.546***	5.651***	1.162	2.575***	7.638***	8.246***	2.093***	2.254***
	(0.290)	(0.299)	(0.921)	(0.840)	(0.283)	(0.217)	(0.613)	(0.567)
样本量	1254	3441	1254	3441	1786	3769	1786	3769

注:小括号中报告的是标准误,使用bootstrap方法来计算,模拟次数是100次;***、**和*分别表示结果在1%、5%和10%的显著性水平。职业类型分别是:1.农业劳动者;2.体力劳动者;3.一般技术工人;4.小业主及个体户;5.一般办事人员;6.管理者和专业技术人员。这里以农业劳动者为基准组。

著为正。具体而言，收入水平处于中位数的劳动者中，男性比女性更能获得高水平的收入，男性劳动者的工资收入水平要比女性劳动者高出25%—30%。如果从全年总收入来看，农业户口持有者因性别工资差异将更大，高达50%。从平均意义上看，农业户口持有者因性别工资差异要大于非农户口持有者，可以看出，农业户口的女性劳动者，在劳动力市场上获得的工资水平，远低于其他劳动者。另外，从月工资收入来看，职业类型的差异能够给农业户口持有者造成显著工资水平差异，其他类型的职业能够获得比农业更高的平均工资水平，但从全年总收入来看，这种职业收入差异并不明显，这可能与农业劳动的季节性收入因素有关，农业劳动者的收入并不是按月结算，通常跨期较长，多达半年或一年。对于非农户口持有者，结论恰好相反，与农业劳动者相比，其他职业的月工资收入并没有显著增加，但全年总收入之间存在显著的收入水平差异。为了获得更高水平的收入，非农户口持有者应当更多地从事非农职业，尤其是那些小业主及个体户，以及管理者和专业技术人员，他们的收入溢价会更高。

从以上分析可知，中位数的系数$\hat{\beta}(0.5)$反映的是收入水平如何受到其他因素的影响，从平均意义上考察各种因素对收入水平的边际效应。而收入经验分布的其他分位点，尤其是下十分位点与上十分位点，则能够用来捕捉组内收入差异，即相同户籍身份特征的劳动者的收入水平的分散程度。这些分位点对应的系数大小，刻画了各种因素对收入分散程度的影响。收入分布的分散程度越大，表明组内收入差异越大，亦即组内收入不平等程度越严重。具体而言，如果系数$\hat{\beta}(0.9)-\hat{\beta}(0.1)$显著为正，则表明该因素会增加组内收入不平等程度，反之则会减少组内收入不平等。由表6-8可以发现，对于农业户口持有者，受教育年限这一变量显著为正，教育水平的提高将会扩大农业户口持有者之间的收入差距，增加收入的不平等程度。相比之下，对于非农户口持有者，教育水平的提高有助于改善城市劳动者的收入不平等状况。之所以出现这一现象，主要原因在于，教育对于不同户籍身份特征人群的普及率的差异。教育作为一种稀缺资源，对于非农户口持有者的普及率要高于农业户口持有者，前者的平均受教育年限为 10.51 年，后者仅为 8.16 年，还未达到《中华人民共和国义务教育法》明令规定的 9 年义务教育水平，二者相差超过 2 年。以 9 年义务教育这一基本要求为准，非农户口持有者中有 73.9% 超过了这一水平，而农业户口持有者的比例还未达到 50%，仅为 45.2%。也就是说，对于农业户口持有者，教育层面上的不平等，将进一步扩大至收入水平，教育资源只能分配到少数人身上，进而恶化该群体劳动者的收入不平等程度。

2. 收入分布的反事实分解

前一小节通过分位数回归得到系数的估计结果，主要是基于收入的条件分布来研究组内的收入不平等，即相同户籍身份劳动者的收入差异。这一小节则通过推导收入的无条件分布，进而运用反事实分析技术来研究组间的收入不平等，即不同户籍身份劳动者的收入差异，亦是劳动力市场上的户籍歧视程度。

在前文的模型设定中，我们将劳动力市场中的户籍收入分割程度分解为三类因素的影响，包括：劳动者自身的内在素质差异、户籍身份所带来的歧视因素，以及不可观测扰动的作用。它们分别对应解释变量的差异、模型系数的差异，以及不可观测扰动的差异，户籍歧视程度则通过系数差异所解释的收入水平差异来反映，通常以百分比来度量。

表 6-9 报告了收入分布的反事实分解结果。对于每一个无条件分位点的估计，都预先估计了 100 个条件分位点（从 0.01 到 0.99，每个分位点相隔 0.01）对应的系数，然后使用积分运算的求和方法，计算出不同分布（经验分布或反事实分布）下

的无条件分位点，最后再计算出三类因素各自对收入水平差异的影响。表6-9同样报告了两种度量指标得到的估计结果，分别是个人月工资收入、个人全年总收入。

由表6-9可以发现，在中位数的分位点处，农业户口与非农户口劳动者的收入差异主要由系数差异来解释。对于收入水平的两种度量指标，解释比例分别为96%与95%。也就是说，农业户口与非农户口劳动者的收入不平等，绝大部分是由于户籍歧视现象的存在，劳动力市场上的户籍分割，使农业户口持有者备受歧视，户籍身份特征阻碍着农业户口持有者获得与非农户口持有者同样的收入水平，户籍制度是导致劳动力市场收入不平等的主因。观测其他分位点，同样可以得到类似结果。

图6-4与图6-5分别描绘了月工资收入、全年总收入两种指标下城乡收入差异的分位点曲线。可以发现，总差异曲线与系数差别所解释的收入差异非常接近，反映了户籍收入水平差异绝大部分可以由户籍歧视来解释，有力地证实了劳动力市场中，对农业户口持有者存在身份特征歧视的现象。另外，我们还可以从图中发现，总差异曲线随着分位点概率的增加而呈现向右下方延伸的趋势，尤其是全年总收入城乡差异的曲线图。该图像特点表明，在低分位点处，户籍收入水平差异高于高分位点，户籍收入不平等主要体现在低分位点人群中，并且，农业户口持有者内部之间的收入不平等要大于非农户口持有者，这与我们前文的分析结果是一致的。另外，对于解释变量与不可观测扰动所解释的城乡收入总差异，均集中在取值为0的水平线附近，表明了这两类因素对于城乡收入不平等的解释作用并不重要，户籍收入不平等主要源于对劳动者户籍身份的歧视。因此，深化户籍改革、减少对农业户口劳动者的户籍歧视，是缩小户籍收入差异的必由之路。

表6-9 收入水平差异的反事实分解

变量		月工资收入的对数值				全年总收入的对数值			
分位点	总差异	扰动	差异分解 系数	变量	总差异	扰动	差异分解 系数	变量
0.5	0.18(0.02)	0.05(0.02)	0.17(0.05)	-0.04(0.03)	0.58(0.03)	-0.01(0.02)	0.55(0.05)	0.04(0.04)
	100%	28%	96%	-25%	100%	-1%	95%	6%
0.1	0.21(0.04)	0.18(0.08)	0.27(0.07)	-0.24(0.07)	0.87(0.05)	0.34(0.06)	0.66(0.06)	-0.12(0.05)
	100%	87%	128%	-115%	100%	39%	75%	-14%
0.25	0.18(0.03)	0.11(0.04)	0.22(0.06)	-0.14(0.05)	0.74(0.03)	0.14(0.04)	0.65(0.05)	-0.04(0.04)
	100%	58%	120%	-78%	100%	18%	88%	-6%
0.75	0.21(0.03)	-0.02(0.04)	0.17(0.05)	0.07(0.03)	0.42(0.03)	-0.20(0.03)	0.50(0.05)	0.12(0.04)
	100%	-11%	81%	30%	100%	-48%	119%	29%
0.9	0.18(0.04)	-0.15(0.07)	0.20(0.06)	0.13(0.05)	0.31(0.04)	-0.37(0.06)	0.46(0.06)	0.21(0.04)
	100%	-82%	112%	70%	100%	-120%	151%	69%
0.9—0.1	-0.03(0.11)	-0.33(0.08)	-0.07(0.11)	0.37(0.11)	-0.56(0.08)	-0.71(0.07)	-0.19(0.09)	0.34(0.09)
	100%	1074%	219%	-1194%	100%	126%	34%	-60%

注:小括号中报告的是标准误,使用Bootstrap方法来计算,模拟次数是100次。

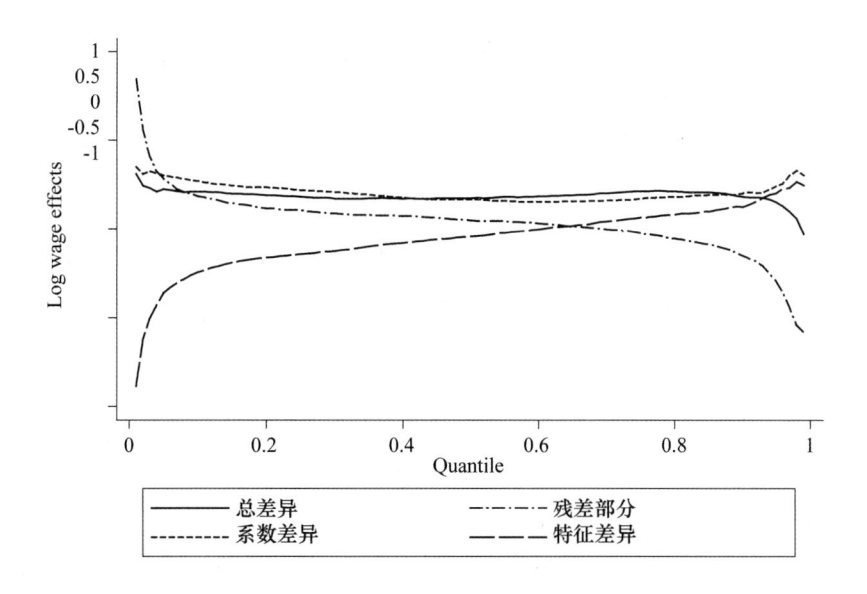

图 6-4 月工资收入城乡差异的分解

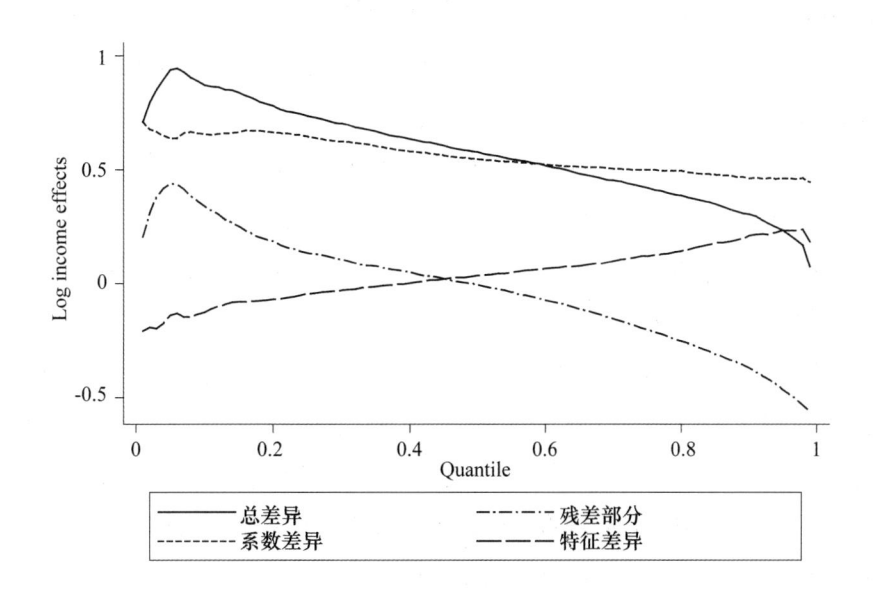

图 6-5 全年总收入城乡差异的分解

六 结论

本节使用 CGSS 2006 数据集，研究了劳动力市场的城乡收入不平等现象，着重分析了户籍歧视对劳动者收入水平的影响，以及户籍身份特征对不同群体内部收入差距的作用程度。首先，本节使用分位数回归方法估计了劳动者收入的条件分布，然后通过积分运算推导出劳动者收入的无条件分布。基于得到的无条件分布，本节使用反事实分析技术，对收入不平等的户籍分割现象进行了因素分解，主要考察了三类因素对收入差距的影响，包括：劳动者自身的内在素质差异、户籍身份所带来的歧视因素，以及不可观测扰动的作用。

基于前文的研究结果，本节的结论主要有以下四点。

第一，教育能够显著提高劳动者的收入水平，相比于农业户口持有者，非农户口持有者的教育回报率更高。教育在不同户籍身份群体中，对群体内部收入差距的作用恰好相反。具体而言，教育会扩大农业户口群体内部的收入差距，但有助于缓解非农户口群体内部的收入不平等现象。造成这一现象的原因在于，教育未能在农业户口群体中得到普及，稀缺的教育资源仅被少数人占有，因而扩大了内部之间的收入差距。

第二，男性劳动者的教育回报率要比女性劳动者高，从全年总收入来看，对于农业户口持有者，男女性别工资差距更大，男性收入要比女性收入高出约50%，表明性别歧视现象在农业户口群体中更为严重。

第三，短期来看，对于农业户口持有者，从事非农职业能够获得收入溢价，但长期来看，这种收入溢价将趋于零。同样的，对于非农户口持有者，非农职业能为他们带来更高的收入，并且，收入溢价将随着职业等级的提升而增加，在长期来看仍能保持一个较高的正的收入溢价水平。

第四，比较不同户籍身份特征群体的收入分布，在中位数的分位点处，城乡之间的收入差异主要由系数差异来解释。对于收入水平的两种度量指标，解释比例分别为96%与95%。也就是说，农业户口与非农户口劳动者的收入不平等，绝大部分是由于户籍歧视现象的存在。劳动力市场上的户籍分割，使农业户口持有者备受歧视，户籍身份特征阻碍着农业户口持有者获得与非农户口持有者同样的收入水平，户籍制度是导致劳动力市场收入不平等的主因。

本节的研究结论与近年来劳动力市场上的就业歧视现象是相吻合的，户籍制度严重阻碍着劳动力的自由流动，导致农业户口持有者仅能获得比非农户口持有者更低的收入。并且，在政府的教育投资方面，农业户口持有者同样处于劣势，使他们更加难以与非农户口持有者在劳动力市场上竞争，进一步加大了城乡之间的收入不平等程度。基于以上的分析和讨论，本节认为，缩小城乡之间以及城乡内部收入差距的首要任务，在于加大教育投资和深化户籍制度改革。

（三）城镇就业市场上劳动力工资扭曲程度测度

本节利用 CHIPS 2007 数据库，基于随机前沿模型，对我国城镇就业市场上劳动力的工资扭曲程度进行测度。研究结果表明：（1）在城镇就业市场上，劳动力由于工资扭曲现象的存在，其实际获得的工资要比他们的边际生产率低 45%—60%；（2）已婚、子女个数较少、本地、拥有失业保险、男性、大中型企业的劳动力工资扭曲程度要低于未婚、子女个数较多、外来、没有失业保险、女性、小型企业的劳动力；（3）中低工资水平的劳动力工资扭曲程度要比高工资水平的劳动力严重，且中低工资水平劳动力工资扭曲程度的方差更大。由此，本文提出，推进就业市场的市场化改革，完善就业市场信息网络，从而减轻劳动力工资扭曲程度是提高劳动力工资的重要途径。

一 引言

改革开放以来，随着用工制度和户籍制度的改革，市场机制在劳动力工资决定中扮演着越来越重要的角色,劳动力工资随着经济发展不断上涨。但是,劳动力工资的上涨却并未反映出劳动生产率的变化,具体表现为工资的增长要远远落后于劳动生产率的增长(李稻葵等,2009;龚刚等,2010;邵敏等,2010),劳动力实际获得的工资要远远低于其边际产出水平,就业市场上存在着工资低估现象。

工资低估现象的存在对于经济和社会的发展产生了不利的影响。首先,工资扭曲进一步加重了劳资双方收入分配不平衡的局面,不利于劳动力工资水平的提高,平均工资增长低于劳动生产率提高已经不适应我国贯彻落实科学发展观所处阶段的要求(张长生,2009);其次,工资扭曲对于目前中国经济的转型会形成一种障碍,林毅夫等(2007)认为,在我国经济转型过程中,应该为企业提供一个合适的要素价格体系,以正确反映我国的要素禀赋结构,同时应该使企业实际支付的要素价格尽量接近这一要素价格体系,而工资扭曲显然是要素价格扭曲的一种重要形式。

根据目前我国就业市场状况和学术界既有研究,我国就业市场上存在的工资扭曲现象主要是工资向下扭曲,即工资低估[①]。因此,本文运用随机前沿模型对我国城镇就业市场上工资扭曲的程度进行测度,并根据测度结果提出了提高劳动力收入水平和推进就业市场市场化改革的具体措施。

二 文献综述

工资扭曲作为就业市场上的一种现象,日益引起国内外学者的重视。国内而言,大量研究已经证明我国城镇就业市场上

---

① 理论上工资扭曲可以分为向上扭曲(即劳动力工资水平高于其边际生产率)和向下扭曲(即劳动力工资水平低于其边际生产率),但是目前学术界普遍认为中国劳动力市场上存在的是工资向下扭曲现象,因此本文中的工资扭曲仅表示工资向下扭曲,下文不再赘述。

确实存在工资扭曲（邵敏和包群，2012；施炳展和冼国明，2012；曹亚和陈浩，2011），但是既有文献主要是在研究劳动力收入份额过低问题时，将工资扭曲为一个影响因素进行讨论（李稻葵等，2009；黄先海等，2009），并没有专门就劳动力工资扭曲展开研究。邵敏等（2012）运用36个工业行业面板数据，实证发现尽管国内企业工资水平一直保持上升趋势，但是劳动力实际所得低于其边际产品价值的工资扭曲程度在不断加大，即工资上升并没有真实反映企业员工边际贡献的变化。施炳展等（2012）运用1999—2007年的微观企业调查数据实证后发现，中国工业企业要素价格存在严重的负向扭曲并且有增加趋势，东部地区、外资、港澳台资和私营企业扭曲程度最高。从以上的论述可见，目前国内研究都是从行业或者企业层面进行分析，从劳动力角度进行工资扭曲测度的研究寥寥无几。

国外方面，运用劳动力微观调查数据对工资扭曲进行研究已经相当成熟。Polachek 和 Rost（1998）运用 NLSYM 数据库测度了美国就业市场上劳动力工资被低估的现象，并且证实了工资被低估程度和劳动力信息不完全之间存在着正向相关关系。Lang（2005）基于随机前沿模型测度了德国劳动力市场上劳动力工资低估的程度，发现劳动力工资水平能够达到其边际产出的84%左右，同时他还分析了本国劳动力和外来劳动力工资被低估程度的差异。Ogloblin 和 Brock（2005）测算了俄罗斯就业市场上劳动力工资低估程度并分析了性别对这一程度的影响后发现，俄罗斯男性和女性之间在工资扭曲程度上存在很大差异，二者获得的实际工资比其潜在工资分别低45.8%和29.3%。Polachek 和 Xiang（2006）研究了11个OECD国家的劳动力市场状况，发现劳动力实际工资要比其潜在工资低30%—35%，同时，他认为劳动力工资被低估的主要原因是劳动力在就业时对于工作的信息掌握不完全。Contreras 和 Landeau（2003）对智利就业市场上工资扭曲现象进行了分析，并将造成劳动力工资被低估的原因归结为信息不完全、议价能力和歧视三方面。

本文在借鉴上述研究的基础上,运用劳动力市场微观调查数据,试图回答以下问题:第一,我国城镇就业市场上劳动力的工资扭曲程度如何;第二,性别、本单位工作经验、婚姻状况、子女个数等因素是否会对其工资扭曲程度产生影响;第三,不同工资水平的劳动力在工资扭曲程度上是否存在差异。本文的贡献在于首次运用微观调查数据,从劳动力的角度对中国城镇就业市场上的工资扭曲进行测度。本文余下部分的安排如下:第三部分是本文的理论推导;第四部分为数据来源和指标选取;第五部分为实证结果分析;第六部分为本文的结论及政策建议。

三 理论推导

本文理论模型的推导借鉴了 Polachek 和 Robst(1998)、Lang(2005)、Polachek 和 Xiang(2006)、鲁晓东和连玉君(2011)的研究。

在劳动力市场上,对于一个具有既定人力资本的劳动力而言,假设其边际生产率为 w^p,在一个无摩擦的完全竞争下的就业市场上,劳动力获得的工资即为其边际生产率 w^p(下文称为潜在工资),但是,现实情况下,由于信息不完全、劳动力议价能力较弱及歧视等原因,雇主会强行压低劳动力工资水平,假设此时劳动力实际获得的工资为 w^0,则有:

$$w_i^0 \leq w^p \tag{1}$$

另外,在工作搜寻的过程中,求职者会为其自身设定一个愿意接受的最低工资,即保留工资 w_i^R,当能够获得的实际工资低于保留工资时,求职者会拒绝工作,当能够获得的工资大于保留工资时,才会停止搜寻,开始工作。由上面的推导过程可以得到下式:

$$w_i^R \leqslant w_i^0 \tag{2}$$

将（1）（2）两式联立起来，可以得到：

$$w_i^R \leqslant w_i^0 \leqslant w^p \tag{3}$$

其中，w_i^0 表示劳动力获得的实际工资，w^p 和 w_i^0 之间的差距表示劳动力工资被低估的情况，该差距越大表示劳动力工资水平被低估的情况越严重，工资扭曲程度越严重，我们用 u_i 表示 $\ln w_i^p$ 和 $\ln w_i^0$ 之间的差距，则有：

$$u_i = \ln w_i^p - \ln w_i^0 \tag{4}$$

对于一个劳动者而言，他的边际生产率既和其自身的人力资本状况有关系，又和厂商及所从事工作等的特征有关，因此，我们有：

$$\ln w^p = x\beta + v_i \tag{5}$$

$$V_i \in N(0, 6_v^2) \; X$$

其中，x 表示劳动者和厂商的特征向量，v_i 为随机扰动项，$v_i \in N(0, \sigma_v^2)$。

$$V_i \sim N(0, 6_v^2) \; V$$

把（4）式和（5）式联立后，可以得到：

$$\ln w_i^0 = \ln w^p - u_i = x\beta + v_i - u_i = x\beta + \varepsilon_i \tag{6}$$

其中，$\varepsilon_i = v_i - u_i$。

为了表示劳动力工资扭曲的程度，我们将劳动力实际工资 w_i^0 低于其边际生产率 w_i^p 占边际生产率 w_i^p 的比例作为劳动力工资扭曲程度的测度，根据上面的推导，可以得到单个劳动力工资扭曲（wage distortion）程度的测度公式为：

$$\mathrm{wd}_i = \frac{w_i^p - w_i^0}{w_i^p} = 1 - \frac{\exp(x_i\beta + v_i - u_i)}{\exp(x_i\beta + v_i)} = 1 - \exp(-u_i) \tag{7}$$

在正态－半正态模型设定下，即 $v_i \in N(0, \sigma_v^2)$，$u_i \sim N^+(0, \sigma^2)$ 时，可以得到 ε 的边际密度函数：

$$f(\varepsilon) = \frac{1}{\sigma} \cdot \varphi(\frac{\varepsilon + \mu}{\sigma}) \cdot \Phi(\frac{\mu}{\sigma\lambda} - \frac{\varepsilon\lambda}{\sigma}) \cdot [\Phi(\frac{\mu}{\sigma_u})]^{-1} \quad (8)$$

其中，$\sigma = (\sigma_u^2 + \sigma_v^2)^{\frac{1}{2}}$，$\lambda = \frac{\sigma_u}{\sigma_v}$，$\varphi(.)$ 是标准正态密度函数，$\Phi(.)$ 是标准正态分布函数。

根据上式，可以推得对数似然函数的形式如下：

$$\ln L = cons - N\ln\sigma - N\ln\Phi(\frac{\mu}{\sigma_u}) + \sum \ln\Phi(\frac{\mu}{\sigma\lambda} - \frac{\varepsilon\lambda}{\sigma}) - \frac{1}{2}\sum(\frac{\varepsilon + \mu}{\sigma})^2 \quad (9)$$

劳动力工资扭曲程度的测度为：

$$wd_i = 1 - E[\exp(-u_i) | \varepsilon_i] = 1 - \frac{1 - \Phi[\sigma_* - (\frac{\hat{\mu_i}}{\sigma_*})]}{1 - \Phi(\frac{\hat{\mu_i}}{\sigma_*})} \cdot \exp\{-\hat{\mu_i} + \frac{1}{2}\sigma_*^2\} \quad (10)$$

其中，$\hat{\mu_i} = (-\sigma_u^2 * \varepsilon_i + \mu\sigma_v^2)/\sigma^2$，$\sigma_*^2 = \frac{\sigma_u^2\sigma_v^2}{\sigma^2}$。

在正态－指数模型设定下，即 $v_i \sim N(0, \sigma_v^2)$，$u_i \sim \exp(\sigma_u)$ 时，可以得到 ε 的边际密度函数：

$$f(\varepsilon) = (\frac{1}{\sigma_u}) \cdot \Phi(-\frac{\varepsilon}{\sigma_v} - \frac{\sigma_v}{\sigma_u}) \cdot \exp(\frac{\varepsilon}{\sigma_u} + \frac{\sigma_v^2}{2\sigma_u^2}) \quad (11)$$

根据上式，可以推得对数似然函数的形式如下：

$$\ln L = cons - N\ln\sigma_u + N(\frac{\sigma_v^2}{2\sigma_u^2}) + \sum \ln\Phi(-A) + \sum \frac{\varepsilon}{\sigma_u} \quad (12)$$

其中，$A = \frac{\varepsilon}{\sigma_v} + \frac{\sigma_v}{\sigma_u}$。

劳动力工资扭曲程度的测度：

$$wd_i = 1 - E[\exp(-u_i) \mid \varepsilon_i] = 1 - \frac{1 - \Phi[\sigma_* - (\frac{\hat{\mu_i}}{\sigma_*})]}{1 - \Phi(\frac{\hat{\mu_i}}{\sigma_*})} \cdot$$

$$\exp\{-\hat{\mu_i} + \frac{1}{2}\sigma_*^2\} \tag{13}$$

其中，$\hat{\mu} = -\varepsilon - (\frac{\sigma_v^2}{\sigma_u})$，$\sigma_* = \sigma_v$。

整个市场的工资扭曲程度测度为所有劳动力工资扭曲程度测度的平均值：

$$wd = \frac{\sum wd_i}{N} \tag{14}$$

为了估计性别、本单位工作经验、婚姻状况、子女个数等因素对劳动力工资扭曲程度的影响，我们将劳动力工资扭曲测度作为被解释变量对这些解释变量进行回归得：

$$wd_i = Z_i'\gamma + \xi \tag{15}$$

其中，Z_i 表示会对劳动力工资扭曲程度产生影响的因素。

四 数据来源和指标选取

本文使用的是中国居民收入调查数据库（China Household Income Project，CHIPS）2007 年的调查数据。CHIPS 2007 是由国家统计局城调总队和中国社会科学院经济研究所于 2007 年对全国城乡居民所做的住户调查，2007 年的调查覆盖了上海、江苏、浙江、安徽、河南、河北、广东、重庆、四川 9 个省（市）。本文对数据做了以下处理：第一，根据《劳动法》相关规定，只选取 15—60 岁的样本作为本文研究的对象；第二，将工资和人力资本数据等信息不全的样本进行剔除；第三，根据各变量的经济意义，对异常值进行删除。处理之后，2007 年劳动力样本数目为 13244 人。变量的基本描述性统计见表 6 – 10。

表 6-10　　　　　　　　　变量的基本描述性统计

连续变量	均值	标准差	变量描述
小时工资	9.58	8.93	劳动力小时工资
对数小时工资	1.82	1.32	劳动力小时工资的自然对数
年龄	35	10.56	劳动力的周岁年龄，取整数
本单位工作经验	7.76	8.84	从事当前这份主要工作的年数
受教育年限	10.52	3.34	所受教育年数之和，文盲、小学、初中、高中或中专、大学本科及以上分别为 0、6、3、3、4 (3)
子女个数	1	0.70	劳动者拥有的子女个数，取整数
离散变量	比例	标准差	
健康状况	0.98	0.13	非常好、好、一般为 1，不好、非常不好为 0
性别	0.57	0.49	男 1、女 0
培训	0.30	0.46	接受过非农生产培训为 1，否则为 0
婚姻状况	0.73	0.44	初婚、再婚、同居为 1，离异、丧偶、未婚为 0
职业状况	0.28	0.45	干部和技术人员为 1，工人服务人员为 0
失业保险	0.33	0.47	拥有失业保险为 1，否则为 0
小型企业	0.40	0.49	所在企业人数小于 100 为 1，否则为 0
中型企业	0.46	0.49	所在企业人数大于 99 小于 1000 为 1，否则为 0
大型企业	0.15	0.35	所在企业人数大于 999 为 1，否则为 0
企业所有制	0.31	0.46	所在企业为公有制企业为 1，否则为 0
本地/外来	0.49	0.49	城镇本土劳动力为 1，外来劳动力为 0

五　实证结果分析

本部分在模型设定分析的基础上，给出了劳动力的工资扭曲程度测度值，并对影响劳动力工资扭曲程度的因素进行了分析，最后给出了劳动力工资扭曲程度随着工资水平变化而变化的趋势。

1. 模型设定分析

既有研究在测算劳动力工资扭曲程度的时候，在模型设定上存在一定的差异。一部分学者在正态－半正态模型设定下，即 $v_i \sim N(0, \sigma_v^2)$，$u_i \sim N^+(0, \sigma^2)$ 设定下对劳动力工资扭曲程度进行测度（如 Murphy 和 Strobl、Groot 和 Oosterbeek 等）；另一部分学者在正态－指数模型设定下，即 $v_i \sim N(0, \sigma_v^2)$，$u_i \sim \exp(\sigma_u)$ 设定下进行相应的测度（如 Polachek 和 Xiang、Contreras 和 Landeau 等）。为了验证计量结果的稳健性，本文同时在正态－半正态模型设定（模型2、3）和正态－指数模型设定（模型3、4）下进行测度。

将劳动力对数小时工资作为被解释变量，年龄、本单位工作经验、受教育年限、性别等作为解释变量进行估计后，得到结果（见表 6-11）。从模型的估计结果来看，变量的系数都很显著且符合预期。

表 6-11　　　　　　　　工资扭曲测度模型估计结果

	模型 1	模型 2	模型 3	模型 4	模型 5
年龄	-0.001	0.002**	0.003***	0.001*	0.002***
	(0.001)	(0.001)	(0.001)	(0.001)	(0.001)
本单位工作经验	0.038***	0.044***	0.043***	0.044***	0.044***
	(0.004)	(0.003)	(0.003)	(0.002)	(0.002)
本单位工作经验平方	-0.001***	-0.001***	-0.001***	-0.001***	-0.001***
	(0.000)	(0.000)	(0.000)	(0.000)	(0.000)
受教育年限	0.066***	0.067***	0.071***	0.061***	0.064***
	(0.006)	(0.003)	(0.003)	(0.002)	(0.002)
性别	0.362***	0.258***		0.200***	
	(0.021)	(0.015)		(0.012)	

续表

	模型1	模型2	模型3	模型4	模型5
健康状况	0.259***	0.186***	0.220***	0.176***	0.198***
	(0.092)	(0.057)	(0.058)	(0.046)	(0.046)
培训	0.150***	0.080***	0.096***	0.066***	0.078***
	(0.017)	(0.017)	(0.017)	(0.013)	(0.013)
干部和技术人员	0.334***	0.318***	0.314***	0.315***	0.308***
	(0.024)	(0.019)	(0.019)	(0.016)	(0.016)
东部地区	0.398***	0.372***	0.388***	0.366***	0.378***
	(0.025)	(0.020)	(0.020)	(0.016)	(0.016)
中部地区	-0.257***	-0.097***	-0.077***	-0.049***	-0.035**
	(0.034)	(0.023)	(0.028)	(0.018)	(0.018)
中型企业	0.442***	0.133***		0.082***	
	(0.022)	(0.018)		(0.014)	
大型企业	0.403***	0.123***		0.082***	
	(0.026)	(0.025)		(0.019)	
所有制	0.088***	0.036*	0.068***	0.033**	0.052***
	(0.018)	(0.019)	(0.018)	(0.015)	(0.015)
常数项	-0.078	1.186***	1.283***	1.017***	1.092***
	(0.121)	(0.074)	(0.073)	(0.059)	(0.059)
σ_v					
常数项		0.134***	0.130***	0.438***	0.440***
		(0.003)	(0.002)	(0.005)	(0.005)
σ_u					
常数项		1.566***	1.596**	0.735***	0.748***
		(0.012)	(0.011)	(0.009)	(0.009)
N	13244	13244	13244	13244	13244
Adj R-square	0.254				

续表

	模型1	模型2	模型3	模型4	模型5
F/LR	240.19	4893.52	4445.87	6577.74	6095.07
P	0.00	0.00	0.00	0.00	0.00
LL		-17838.14	-18014.04	-15527.90	-15689.56

注：括号中为标准误，***、**、*分别表示1%、5%和10%的显著性水平。

模型2—模型5给出了随机前沿模型下 MLE 估计的结果，模型3和模型5将婚姻状况和企业规模看成工资水平的间接影响因素。从结果看，正态－半正态模型设定下的估计（模型2、模型3）与正态－指数模型设定下的估计（模型4、模型5）解释变量系数十分接近，这说明 MLE 估计的结果是稳健的。模型2、模型3是基于正态－半正态假设，即 $v \sim N(0, \sigma_v^2), u \sim N^+(0, \sigma_u^2)$，其中，模型2中 σ_v 和 σ_u 的估计值分别为0.134和1.566，模型3中 σ_v 和 σ_u 的估计值分别为0.130和1.596，且其在1%的水平下是显著的。模型4和模型5是基于正态－指数假设，即 $v \sim N(0, \sigma_v^2), u \sim \exp(\sigma_u)$，模型4中 σ_v 和 σ_u 分别为0.438和0.735，模型5中 σ_v 和 σ_u 分别为0.440和0.748，且在1%的水平下是显著的。

2. 劳动力的工资扭曲程度测度

表6－12中给出了模型2—模型5下劳动力工资扭曲程度测度的均值和标准差。总体而言，正态－半正态模型（模型2、模型3）下的劳动力工资扭曲程度测度要大于正态－指数模型（模型4、模型5）下的测度，且其标准差更大。在正态－半正态模型下劳动力的工资扭曲测度为56%，标准差为0.23，这说明就业市场上劳动力获得的实际工资水平只有其边际生产率的44%；在正态—指数模型下劳动力工资扭曲程度为40%，标准差为0.19，这说明劳动力实际工资水平只有其边际生产率的60%左右。以上测度的劳动力工资扭曲程度要高于 Polachek 和 Xiang（2006）对于 OECD 国家的测度（30%—35%），这可能

是由于我国就业市场的市场化程度较低的原因。

表6-13 劳动力工资扭曲程度测度

	模型2	模型3	模型4	模型5
均值	0.557	0.562	0.397	0.401
标准差	0.229	0.230	0.185	0.186

3. 影响劳动力工资扭曲程度的因素

为了说明不同因素对于劳动力工资扭曲程度的影响,我们参照 Lang(2005)、Landeau 和 Contreras(2003)的研究方法,将劳动力工资扭曲程度测度作为被解释变量,劳动力性别、婚姻状况、子女个数、本地/外来、失业保险等因素作为解释变量进行 OLS 异方差稳健回归,结果见表6-13。

表6-13 劳动力工资扭曲测度回归方程

	模型2	模型3	模型4	模型5
婚姻状况	-0.027***	-0.027***	-0.007	-0.010*
	(0.007)	(0.007)	(0.006)	(0.006)
子女个数	0.020***	0.012***	0.022***	0.021***
	(0.004)	(0.004)	(0.003)	(0.003)
本地/外来	-0.012**	0.001	-0.019***	-0.005
	(0.005)	(0.005)	(0.004)	(0.004)
失业保险	-0.017***	-0.014***	-0.033***	-0.018***
	(0.005)	(0.005)	(0.004)	(0.004)
性别		-0.077***		-0.062***
		(0.004)		(0.003)

续表

	模型2	模型3	模型4	模型5
中型企业		-0.036***		-0.060***
		(0.005)		(0.004)
大型企业		-0.031***		-0.055***
		(0.006)		(0.005)
常数项	0.571***	0.633***	0.402***	0.468***
	(0.004)	(0.005)	(0.004)	(0.004)
N	12355	12361	12383	12383
R^2	0.006	0.040	0.019	0.07
F	19.87	72.7	60.81	106.79
P	0	0	0	0

注：括号中为标准误，***、**、*分别表示1%、5%和10%显著性水平。

在表6-13中，模型2—模型5中各解释变量系数都很显著且符合预期。模型2和模型4将婚姻状况、子女个数、本地/外来、失业保险作为解释变量，模型3和模型5进一步将性别和企业规模作为解释变量引入回归中。

回归结果表明，婚姻状况、子女个数、失业保险、本地/外来等因素会对劳动力工资扭曲程度产生影响。具体而言，模型2—模型5的测度结果一致表明已婚劳动力的工资扭曲程度要低于未婚劳动力，这一差异最高可达到2.7%（模型2、模型3），这一结论同Polachek和Xiang（2006）、Lang（2005）是一致的。

测度结果还表明，子女个数会对劳动力工资扭曲程度产生正向的影响，子女个数每增加一个会导致劳动力工资被低估程度增加2%，这一结论和Lang（2005）是一致的。导致这一现象的原因是子女个数的增加会加重家庭负担，从而使劳动力缩短工作搜寻的时间，增加其信息不完全程度，进而导致扭曲程度的加重。

户籍因素对于劳动力工资扭曲程度有显著的负向影响（模型 2、模型 4），本地劳动力的工资扭曲程度要比外来劳动力低 1%—2%，这是由于本地劳动力有着更好的信息网络以及本地劳动力受到的就业歧视较小，Daneshvary 等（1992）对美国的研究也发现了类似的现象。

失业保险会显著降低劳动力的工资扭曲程度（模型 2—模型 5），在其他因素相同的情况下，参加失业保险的劳动力工资扭曲程度会比未参加失业保险的劳动力低 1.3%—3.3%，Polachek 等（1987），Polachek 和 Xiang（2006）的研究同样证实了这一结论。造成这一现象的原因是参加失业保险的劳动力由失业带来的成本要小，因此他们更加倾向于延长搜寻时间以寻找到实际工资更加接近于其潜在工资的工作。测度结果还表明，男性劳动力的工资扭曲程度低于女性劳动力 6%—8%。这一结论同 Polachek 等（1987）、Groot 和 Oosterbeek（1994）、Polachek 和 Xiang（2006）、Murphy 和 Strobl（2008）的研究是一致的。

（4）工资扭曲程度随着工资水平变化而变化的趋势

为了更加直观地描述不同工资水平下劳动力工资被低估的程度，图 6-6 给出了劳动力工资扭曲程度和小时工资的散点图①。

从散点图可以发现：第一，劳动力工资扭曲程度和其工资水平呈负相关，工资水平越高的劳动力其工资被低估的程度越低，而工资水平越低的劳动力其工资水平被低估的程度越严重。这种现象一方面是由于高收入者往往具有较高的技能，在就业市场上往往处于供小于求的状态，因此其在劳动力市场上的议价能力较强，另一方面可能是由于高收入者拥有较强的信息收集能力和较完善的社会网络，从而降低其工作搜寻过程中的信息不对称程度。

---

① 由于指数模型和半正态模型下工资扭曲测度和小时工资的分布关系近似，因此此处只给出半正态模型下的图例。

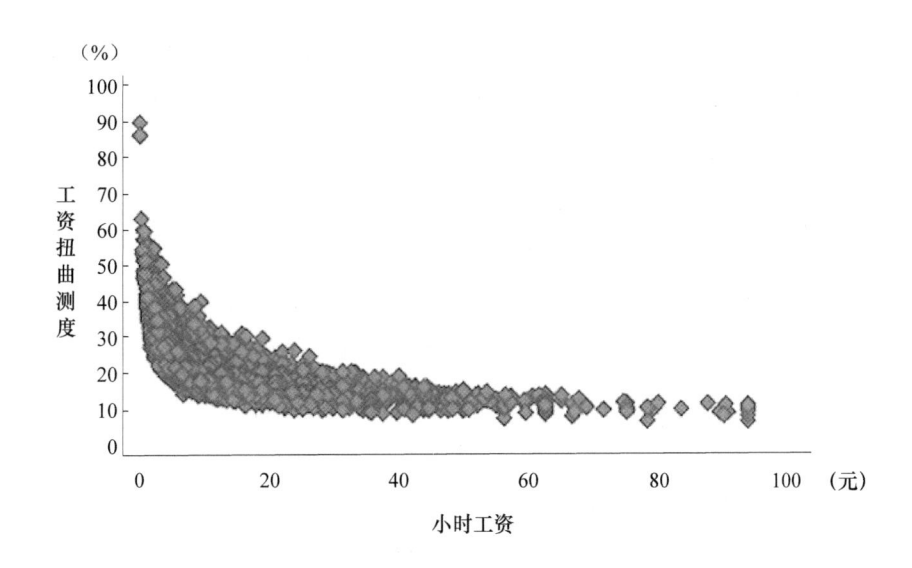

图 6-6 半正态模型下工资扭曲测度和工资水平关系

第二,随着工资水平的上升,劳动力工资扭曲程度的变差在逐渐缩小,低工资水平的劳动力之间工资扭曲程度差异很大。中低收入者工资扭曲程度变差较大是其在劳动力市场上议价能力和搜集信息能力等的差异造成的,对一部分劳动力,例如城镇本地劳动力而言,他们往往具有信息、议价等多方面的优势,而外来务工者则不具有这方面的优势。

六 结论及政策建议

本节构建了一个城镇就业市场上劳动力工资扭曲程度的测度模型,基于 CHIPS 2007 微观个体数据,对我国城镇就业市场上劳动力工资扭曲程度进行了测算。实证结果表明如下几种情况。

(1) 我国城镇就业市场上劳动力工资扭曲现象比较严重。正态-半正态模型的测度结果表明劳动力实际工资只有其边际生产率的44%,正态-指数模型的测度结果表明劳动力实际工资占其边际生产率的60%,这一结果要低于 Polachek 等

（2006）测度的 OECD 国家 65%—70% 的结果，这表明我国就业市场上劳动力工资扭曲程度要比发达国家更加严重。

（2）人力资本和企业特征等因素会对劳动力工资扭曲程度产生显著影响。测度结果表明已婚、子女个数较少、本地、拥有失业保险、男性、大中型企业的劳动力工资扭曲程度要低于未婚、子女个数较多、外来、没有失业保险、女性、小型企业的劳动力，且这些结果和其他研究者结论一致。

（3）高工资水平劳动力的工资扭曲程度要低于低工资水平的劳动力，同时，高工资水平劳动力工资扭曲程度的变差更小。

上述结论的政策含义是明显的，在劳动力人力资本状况不变的情况下，政策制定者可以通过减轻劳动力的工资扭曲程度来提高其工资水平。可以通过推进劳动力市场的市场化程度，加强劳动力市场信息网络建设，以降低劳动力信息不完全程度、减轻外来劳动力受歧视的程度等方式来提高其工资水平。特别是对于中低工资水平的广大劳动力而言，通过减轻其工资扭曲程度可以较大幅度地提高其工资水平。

本章小结

本章主要从城镇与外来劳动力工资差异、户籍歧视和劳动力工资扭曲程度三个视角入手研究我国劳动力市场的工资差异。

本章研究表明以下几点。

首先，利用 CHIPS 2002 和 CHIPS 2007 的数据，对城镇劳动力和外来劳动力的工资差异进行 Oaxaca - Blinder 分解后发现由于人力资本方面的差异，外来劳动力在城镇劳动力市场上处于不利的市场地位。

其次，教育能够显著提高劳动者的收入水平，非农户口持有者的教育回报率高于农业户口持有者；男性劳动者的教育回报率高于女性劳动者。缩小城乡之间以及城乡内部收入差距的首要任务,在于加大教育投资和深化户籍制度改革。

再次,在劳动力人力资本状况不变的情况下,政策制定者可以通过减轻劳动力的工资扭曲程度来提高其工资水平。可以通过推进劳动力市场的市场化程度,加强劳动力市场信息网络建设,以降低劳动力信息不完全程度、减轻外来劳动力受歧视的程度等方式来提高其工资水平。特别是对于中低工资水平的广大劳动力而言,通过减轻其工资扭曲程度可以较大幅度地提高其工资水平。

七 结论与政策建议

（一）基本结论

一 产业结构调整停滞，第三产业发展滞后

珠三角地区产业结构调整出现停滞，其显著落后于该地经济发展水平，第三产业比重偏低且其内部结构落后，各市产业结构发展水平差异较大。珠三角地区产业结构经过几十年的发展取得长足进步，第三产业比重显著增加，第二产业朝着资本、技术密集型产业转型。但是值得注意的是，近十年来以产业高度化指数衡量的产业结构水平出现反复和停滞，第一产业维持在较低生产率水平，发展严重滞后，第三产业无论是在增加值增速、所占比重还是部门内部结构来看，相对于发达经济体都显得落后。从区域方面看，产业结构发展水平区域间差异较大，广州、深圳、中山在第三产业的比重以及产业结构水平明显高于珠三角其他地区。

二 高素质劳动力缺乏，劳动市场分割明显

珠三角地区高素质（大专及以上）就业人口比重仍然偏低，低素质（初中及以下）就业人口比重较高，而且劳动力市场分割显著，极大地阻碍产业结构、人力资本结构"双提升"。相对于发达经济体，珠三角地区高素质（大专及以上）就业人口比重明显偏低，三次产业间就业人员的受教育结构差异巨大，第

一、第二产业仍然充斥着大量低素质（初中及以下）就业人口。同时具体产业部门间人均受教育年限差距很大，农林牧渔业最低，金融等现代服务业最高。同时，通过分析近十年不同受教育程度就业人口分布变化发现，受教育程度较高的就业人口较大比例进入资本、技术密集型等现代产业，普遍能得到较高的薪资收入、较好的培训和优良的工作环境，而相反的是受教育程度较低的就业人口普遍进入劳动密集型等边缘产业，行业特征为生产率较低，待遇较差，很少接受在职培训，很难往现代、高端产业方向转移。这说明珠三角劳动力市场存在显著的分割，并且这种状况随着时间推移没有发生改变。而这种情况将极大地阻碍人员产业间的流动，造成低水平产业与低水平劳动力互相锁定，限制珠三角产业结构调整。

三 户籍制度阻碍着劳动力的自由流动

户籍制度严重阻碍着劳动力的自由流动，导致农业户口持有者的收入水平比非农户口持有者收入水平更低。并且，在政府的教育投资方面，农业户口持有者同样处于劣势，使他们更加难以与非农户口持有者在劳动力市场上竞争，进一步地扩大了城乡之间的收入不平等程度。

四 人力资本与产业结构发展不协调匹配

珠三角地区产业结构调整与人力资本结构匹配协调程度不理想。第一产业就业结构偏离度最大，仍有劳动力转出的大量空间，但是最紧缺专业人才；第二产业有接受劳动力转移的需求但空间有限；第三产业对整体劳动力和专业人才有较大需求，但碍于各种壁垒，依然是专业人才十分紧缺。实际上，无论从就业产业还是专业人才产业结构偏离度来说，因为存在受教育程度、技能、经验等阻碍劳动产业间流动的因素，结构协调程度改善不明显。从具体产业部门来分析，传统产业（农林牧渔业、住宿和餐饮业等）产值地位明显落后于就业数目、地位，生产率较低，存在劳动力转出的空间，而现代产业（金融业、房地产业等）则相反，产值地位明显高于就业数目、地位，生产率较高，存在吸纳就业人口的空间。珠三角各市的就业产业结构偏离度差距较大，广州、深圳、珠海、佛山偏离度较小且下降趋势明显，而东莞、肇庆结构偏离度较高且出现了上升趋势。

五 人力资本整体需提升，人力资本与产业结构错配阻碍产业劳动生产率增加

珠三角人力资本整体偏低，劳动者的人力资本升级速度落后于产业升级的速度。人力资本结构的不合理对第一、第二产业劳均增加值的增长有明显的阻碍作用，但是对第三产业的影响在统计中并不显著。第三产业的比较劳动生产率较高，超过一般趋势值，就业产业结构偏离度、结构偏离贡献度适中，从业人口需求超过供给。然而，相比于第三产业，第一产业和第二产业从业者的人力资本如果提升，将会大大促进劳均增加值的增长，尤其是第一产业。第二产业在推动产业升级的同时，对人力资本出现两极化需求，需要高级人力资本或者初等的人力资本，这意味着工厂中那些受高中教育水平的技术员工应当致力于提升自己的人力资本，不然他们可能面临产业升级而淘汰的风险。曾经以劳动密集型为主的第二产业，现在更需要高级人力资本支撑其产业升级。而受教育水平明显偏低的第一产业从业人员，如果接受更多的职业相关再教育，将会推动新农业的发展，快速提升第一产业的劳均增加值。

六 中低等受教育人口对产业调整促进效应落后于高等受教育人口

高素质（大专及以上）就业人口对三次产业的劳均增加值

促进作用都十分明显,受初等教育、初中教育的人口比重增加分别对第一产业和第二产业劳均增加值有较明显的促进作用。分析统计结果的原因是：第一,高素质劳动者强化了要素的聚集功能和效率功能,带来物质资本的空间聚集,同时作为技术进步的载体,会通过"干中学"和知识外溢诱发创新,并促进技术引进和吸收,对产出增长有明显的促进作用,同时对第二产业劳均增加值的正效应明显高于第一、第三产业；第二,受初中教育的人口数量的增加会对三次产业劳均增加值增长产生正效应,但是结果并不显著,可能是因为增长主要来源于物质资本驱动,受初中教育人力资本的作用并未真正发挥。另外,城乡收入差距的扩大对第一产业的劳均增加值的增加有明显的抑制作用。城乡收入差距扩大使农村的劳动力不断向城市转移,从第一产业向第二产业和第三产业转移,从而使第一产业的从业人员的整体人力资本下降,劳均增加值的增长受抑制。贸易开放程度对于第二产业劳均增加值有较显著的促进作用。珠三角改革开放后 20 年的制造业快速发展和出口加工贸易关系密切。改革开放初期,深圳和东莞的进出口总额是当地 GDP 总值的 3—5 倍；随着开放程度的不断加深,珠海、中山、惠州的贸易开放程度也不断提高。这几个地区走在珠三角工业化发展的前端,如今也较好地推动着产业升级。进出口贸易从需求侧提升了生产要素的聚集效应,劳动力向深圳、东莞和中山等地的工厂集聚的同时,大小工厂集聚形成专业镇,从而提高了第二产业的劳动生产率。

（二）政策建议

一 重视人力资本结构的合理化调整

人力资本结构的合理化不仅可以使劳动力市场分割的情况得到改善,而且对三次产业劳动生产率和产业结构优化调整有明显的促进作用。所以，应当改善不同地区不同阶层人口的受教育机会的不公平性的现状，通过改善不同阶段人口的受教育机会的不平等性可以减弱劳动力市场分割程度，减少产业间劳动力流动阻碍，打破低水平产业和低素质劳动力的相互锁定。加强较落后地区（如惠州、肇庆）基础教育投入，让更多人完成义务教育，使其有能力进入高等教育阶段；同时又要注重人力资本构成的协调发展，着力提升目前较低的受高等教育人口的比重，这对产业结构调整的弹性、速度、质量至关重要；以市场需求为导向，使教育培训培养的人才专业结构满足产业发展调整的需要，重点培养三次产业调整过程中最为稀缺的专业人才，减少产业调整因为人力资本结构不协调的阻力。

二　加快经济增长方式转变，促进人力资本效能发挥

产业结构调整下的人力资本调整也起到反作用。目前珠三角地区进入工业化中后期，在这个阶段经济增长应着眼于资本、知识和技术密集型产业的发展，注重提高资源转化效率，以促进区域经济增长方式的转变以及推动区域产业结构的发展。产业结构本身在人力资本要素分配、效率和供给方面存在刺激作用，给上升的人力资本提供一个良好的环境和适合的岗位，做到人尽其才。要紧紧依靠人力资本，通过引进先进技术、设备和管理经验实现跨越式发展、集约发展。在具体工作中，第一，应该依靠现有业务，重点挖掘现有企业的潜力，进行充实改造和完善；第二，集约化经营和规模经济，应按照新的高起点产业的选择与规划执行较少的要求，不搞低水平重复建设；第三，应通过引进技术，提高利用资源的深度水平，增加高附加值产品的比重，使经济增长的质量得到提高。

三　建立人力资本与产业结构协调的动态机制

调整和优化产业结构是一个动态的过程，不可能一蹴而就，

而在特定的地理系统，不同的经济领域产业结构本身存在一定的差异和差距，必须根据不同地区的经济发展培养和引进人才，确保人力资本的增长，以适应经济发展的各类人力资本的要求。同时，在产业支撑体系发展的区域必须充分分析区域人力资本的当前库存和配置结构。不光要看到产业结构调整的紧迫性而且要考虑经济发展的因素是否会提供这样的调整和升级，才不会对高层次人才需求做出不切实际的估计，造成人力资本浪费。

四 促进区域人力资本良性循环，降低区域间产业结构的异化程度

从政府的角度来看，宏观调控机制必须建立，并且应该打破区域界限，消除目前的就业制度、户籍壁垒对人力资本合理流动的阻碍。改革劳动力就业制度和社会保障制度以及户籍制度，建立打破行政区域界限、分技能类别的统一、多层次的区域人力资本市场。并且要建立起畅通的人力资本供需信息的沟通体系，使雇主和求职者及时、准确地获得信息，有效地调节与配置人力资本供给与需求。同时，政府应建立和完善区域人力资源的法律制度，使人力资源配置有规则可以遵循。

参考文献

一 著作

匡耀求、黄宁生：《广东可持续发展2001》，广东科技出版社2001年版。

卢锋：《中国农民工工资定量估测：1979—2010》，中国社会科学出版社2011年版。

桑德林·卡则斯、伊莲娜·纳斯波洛娃：《转型中的劳动力市场：平衡灵活性与安全性——中东欧的经验》，中国劳动与社会保障出版社2005年版。

二 论文

边文霞：《北京产业结构与劳动力就业互动关系的解析》，《人口与经济》2008年第4期。

蔡昉：《金融危机对就业的影响及应对政策建议》，《中国发展观察》2009年第3期。

蔡昉：《人口转变、人口红利与刘易斯转折点》，《经济研究》2010年第4期。

蔡昉、都阳、王美艳：《户籍制度与劳动力市场保护》，《经济研究》2001年第12期。

蔡继明：《中国城乡比较生产力与相对收入差别》，《经济研究》1998年第1期。

曹亚、陈浩：《劳动估价偏误与要素配置失衡研究——基于

1990—2010年中国农村劳动力转移就业研究》,《经济学家》2011年第4期。

陈建宝、段景辉:《中国性别工资差异的分位数回归分析》,《数量经济技术经济研究》2009年第10期。

陈钊、陆铭、金煜:《中国人力资本和教育发展的区域差异:对于面板数据的估算》,《世界经济》2004年第12期。

陈钊、万广华、陆铭:《行业间不平等:日益重要的城镇收入差距成因——基于回归方程的分解》,《中国社会科学》2010年第3期。

陈桢:《产业结构与就业结构关系失衡的实证分析》,《山西财经大学学报》2007年第10期。

戴启文、杨建仁:《产业结构升级与人力资本水平关系的实证研究——以江西省为例》,《江西社会科学》2007年第12期。

邓曲恒:《城镇居民与流动人口的收入差异——基于Oaxaca-Blinder和Quantile方法的分解》,《中国人口科学》2007年第2期。

董福荣、李萍:《广东人力资本与产业结构的互动关系分析》,《中国人力资源开发》2009年第3期。

高永惠、陶同:《西部产业结构变动与人才资源配置关系实证——以广西产业结构调整对人才资源需求为例》,《求索》2006年第5期。

高子平:《人才结构与产业结构协调性研究:以上海市信息产业为例》,《中国行政管理》2010年第7期。

葛玉好、曾湘泉:《市场歧视对城镇地区性别工资差距的影响》,《经济研究》2011年第6期。

龚刚、杨光:《论工资性收入占国民收入比例的演变》,《管理世界》2010年第5期。

胡鞍钢、赵黎:《我国转型期城镇非正规就业与非正规经济(1990—2004)》,《清华大学学报》(哲学社会科学版)2006年第3期。

黄先海、徐圣:《中国劳动收入比重下降成因分析——基于劳动节约型技术进步的视角》,《经济研究》2009年第7期。

姜励卿:《中国城镇劳动力市场户籍工资差异的实证研究》,浙江大学管理学院,博士学位论文,2012年。

金成武:《城镇劳动力市场上不同户籍就业人口的收入差异》,《中国人口科学》2009年第4期。

靳卫东:《人力资本与产业结构转化的动态匹配效应——就业、增长和收入分配问题的评述》,《经济评论》2010年第6期。

孔进、孔宪香:《人力资本积累与产业结构可持续调整的关系研究》,《东岳论丛》2007年第4期。

李稻葵、刘霖林、王红领:《GDP中劳动份额演变的U型规律》,《经济研究》2009年第1期。

李强、唐壮:《城市农民工与城市中的非正规就业》,《社会学研究》2002年第6期。

李实、岳希明:《中国城乡收入差距调查》,《中国商界》2004年第6期。

李亚玲、汪戎:《人力资本分布结构与区域经济差距——一项基于中国各地区人力资本基尼系数的实证研究》,《管理世界》2006年第12期。

林毅夫、苏剑:《论我国经济增长方式的转换》,《管理世界》2007年第11期。

刘桂芝、张肃:《东北地区产业结构演进中的人力资本效应》,《经济问题探索》2004年第6期。

刘玉、孙亮:《珠三角经济区劳动力结构与产业升级》,《城市发展研究》2008年第4期。

鲁晓东、连玉君:《要素禀赋、制度约束与中国省区出口潜力——基于异质性随机前沿出口模型的估计》,《南方经济》2011年第10期。

吕宏芬、王君:《高技能人才与产业结构关联性研究:浙江案例》,《高等工程教育研究》2011年第1期。

罗国勋:《经济增长与劳动生产率、产业结构及就业结构的变动》,《数量经济技术经济研究》2000年第3期。

蒲艳萍、吴永球:《经济增长、产业结构与劳动力转移》,《数量经济技术经济研究》2005年第1期。

秦建国、张明明:《中国产业结构与就业能力的协调度分析》,《统计与决策》2010年第20期。

邵敏、包群:《外资进入是否加剧中国国内工资扭曲:以国有工业企业为例》,《世界经济》2010年第10期。

邵敏、黄玖立:《外资与我国劳动收入份额——基于工业行业的经验研究》,《经济学(季刊)》2010年第4期。

施炳展、冼国明:《要素价格扭曲与中国工业企业出口行为》,《中国工业经济》2012年第2期。

孙睿君、李子奈:《不同期限类型劳动合同的工资决定机制及差异——基于中国家庭住户收入调查数据的经验研究》,《财经研究》2010年第2期。

田丰:《城市工人与农民工的收入差距研究》,《社会学研究》2010年第2期。

王春、张飞舟:《产业结构升级工程中台湾地区第三产业的发展及其启示》,《当代财经》2008年第12期。

王德文:《中国农村义务教育:现状、问题和出路》,《中国农村经济》2003年第11期。

王海宁、陈媛媛:《城市外来人口工资差异的分位数回归分析》,《世界经济文汇》2010年第4期。

王美艳:《城市劳动力市场上的就业机会与工资差异——外来劳动力就业与报酬研究》,《中国社会科学》2005年第5期。

王美艳:《中国城市劳动力市场上的性别工资差异》,《经济研究》2005年第12期。

王美艳:《转轨时期的工资差异:歧视的计量分析》,《数量经济技术经济研究》2003年第5期。

王小鲁、樊纲:《中国地区差距的变动趋势和影响因素》,《经济研究》2004年第1期。

王小鲁、樊纲、刘鹏:《中国经济增长方式转换和增长可持续性》,《经济研究》2009年第1期。

魏下海、李树培:《人力资本、人力资本结构与区域经济增长——基于分位数回归方法的经验研究》,《财贸研究》2009年第5期。

吴要武、蔡昉:《中国城镇非正规就业规模与特征》,《中国劳动经济学》2006年第2期。

吴要武:《非正规就业者的未来》,《经济研究》2009年第7期。

谢嗣胜、姚先国:《农民工工资歧视的计量分析》,《中国农村经济》2006年第4期。

邢春冰、罗楚亮:《农民工与城镇职工的收入差距——基于半参数方法的分析》,《数量经济技术经济研究》2009年第10期。

邢春冰:《农民工与城镇职工的收入差距》,《管理世界》2008年第5期。

徐向龙:《广东省产业结构与就业结构演进特征与互动效率研究》,《学术研究》2009年第5期。

杨益民:《人才结构与经济发展协调性分析的指标及应用》,《安徽大学学报》(哲学社会科学版)2007年第1期。

姚先国、赖普清:《中国劳资关系的城乡户籍差异》,《经济研究》2004年第7期。

姚先国、张海峰:《教育、人力资本与地区经济差异》,《经济研究》2008年第5期。

喻桂华、张春煜:《中国的产业结构与就业问题》,《当代经济科学》2004年第5期。

张长生:《改革开放以来广东职工工资总额及平均工资增长研析》,《南方经济》2009年第1期。

张车伟、薛欣欣：《国有部门与非国有部门工资差异及人力资本贡献》，《经济研究》2008 年第 4 期。

张敦富、李玉江、张红、韩冬燕：《世界人力资源开发的经验借鉴与我国的人力资源开发》，《中州学刊》2005 年第 6 期。

张国强、温军、汤向俊：《中国人力资本、人力资本结构与产业结构升级》，《中国人口资源与环境》2011 年第 10 期。

张其春、郗永勤：《区域人力资本与产业结构调整的互动关系》，《现代经济探讨》2006 年第 8 期。

张少红：《论区域人力资本与产业结构调整》，《东岳论丛》2004 年第 2 期。

张晓旭：《中国就业增长与产业结构变迁关系考量》，《统计与决策》2007 年第 24 期。

赵光辉：《人才结构与产业结构互动的一般规律研究》，《商业研究》2008 年第 2 期。

朱照宇、邓清禄、周厚云、欧阳婷萍、匡耀求、黄宁生、乔玉楼：《珠江三角洲经济区可持续发展中的水环境问题》，《环境科学学报》2001 年第 4 期。

Abbott, A. (1993). The Sociology of Work and Occupations. *Annual Review of Sociology*, 19, 187–209.

Acemogl D. (2002) Directed Technical Change. *The Review of Economic Studies* 69 (4). 781–809.

Acemoglu, D., & Pischke, J.-S. (1998). Why Do Firms Train? Theory and Evidence. *The Quarterly Journal of Economics*, 113 (1), 79–119.

Acemoglu, D. (2002). Directed Technical Change. *The Review of Economic Studies*, 69 (4), 781–809.

Acemoglu, D., & Pischke, J.-S. (1998). Why Do Firms Train? Theory and Evidence. *The Quarterly Journal of Economics*, 113

(1), 79 – 119.

Acemoglu, D., "Labor—and Capital—Augmenting Technical Change", *Journal of the European Economic Association*, 2003, 1 (1), pp. 1 – 37.

Amin, Mohammad, and Aaditya Mattoo. "Human capital and the changing structure of the Indian economy." (2008).

Arellano, M., and Bover, S., Dynamic Panel Data and Simultaneous Reverse Causation Bias. Journal of Econometrics, 23 (6), (1995): 250 – 261.

Arellano, M., Bond, S., Some Tests of Specification for Panel Data: Monte Carlo Evidence and an Application to Employment Equations", *The Review of Economic Studies*, 58 (2) 1991, pp. 277 – 297.

Baker, Michael, and Gary Solon, "Earnings Dynamics and Inequality among Canadian Men, 1976 – 1992: Evidence from Longitudinal Income Tax Records," *Journal of Labor Economics*, April 21 (2) 2003, pp. 289 – 321.

Baron, J. N., Jennings, R. D., & Dobbin, F. R. (1988), Mission Control? The Development of Personnel Systems in U. S. Industry. *American Sociologsical Review*, 53 (4), 497 – 514.

bbtt, A. (1993). The Sociology of Work and Occupations. Annual Review of Sociology, 19, 187 – 209.

Becker, G. S., "Human Capital theory", 1964.

Blanchard, O., and A. Landier. The Pererse Effects of Partial Labour Market Reform: Fixed Duration Contracts in France. *National Bureau for Economic Research*. No. 8219. Working paper, 2001.

Blinder, A. S., "Wage Discrimination: Reduced form and Structural Estimates", *Journal of Human Resources*, 1973, pp. 436 – 455.

Blundell, Richard, and Stephen Bond. "Initial conditions and moment rstrictions in dynamic panel data models." *Joumal of econo-*

metrics 87. 1 (1998): 115 – 143.

Cain, G. G. (1976). The Challenge of Segmented Labor Market Theories to Orthodox Theory: A Survey. *Journal of Economic Literature*, 14 (4), 1215 – 1257.

Cameron, C., and P. Trivedi. "Microeconometric Analysis." (2006).

Caselli, Francesco, Gerardo Esquivel, and Femando Lefr. "Reopening the convergence debate: a new look at Cosounry growth empirics." *Journal of economic growth* 1. 3 (1996): 363 – 389.

Cholas Bosnanquet, Doeringer Peter Is There a Dual Labor Market in Great Briain? [J]. *The Economic Journal*, 1973, (Jan): 421 – 435.

Contreras, D. and Landeau, S. A. S., "Chilean Labor Market Efficiency: an Earnings Frontier Approach", *Estudios de economía*, 30 (1), 2003, pp. 87 – 102.

Daneshvary, N., Herzog Jr. H. W. and Hofler, R. A., et al., "Job Search and Immigrant Assimilation: an Earnings Frontier Approach", *The Review of Economics and Statistics*, 1992, pp. 482 – 492.

De Brauw, A., Rozelle, S., "Reconciling the Returns to Education in off - Farm Wage Employment in Rural China", *Review of Development Economics*, 12 (1), pp. 57 – 71.

Dickens, W. T, & Lang, K. (1988). Labor Market Segmentation and the Union Wage Premium. *The Review of Economics and Statistics*, 70 (3), 527 – 530.

Doeringer, P. B. and Piore, M. J. (1971) Internal Labour Markets and Manpower Analysis. M. E. Sharpe, Inc., Armonk, New York.

Erikson, John H. G., Lucienne Portocarero, "Intergenerational Class Mobility in Three Western European Societies: England, France and Sweden", *The British Journal of Sociology*, Special Is-

sue. Current Research on Social Stratification, December 1979, 30 (4), pp. 415 – 41.

Featherman, David L. , Robert M. Hauser, *Opportunity and Change*, New York: Academic Press, 1978.

Fei. John C. H. and Gustav Ranis (1964), Development of the Labor Surplus Economy: Theory and Policy, Homewood. IL: Richard A. Irwin. Ine.

Fei. J. C. H. and G. Ranis, 1997, Growth and Development from and Evolutionary Perspective. Basil Blackwell, Oxford.

Gordon, Roger, H. , *Differences in Earnings and Ability*, New York: Garland, 1984.

Green, Colin P. , and John S. Heywood. "Are flexible contracts bad for workers? Evidence from job satisfaction data." Evidence from Job Satisfaction Data (June 3, 2008) (2008).

Groot, Wim, and Hessel Oosterbeek. "Earnings Effects of Different Components of Schooling Human Capital Versus Screening." *The Review of Economics and Statistics* 76, no. 2 (1994): 317 – 21.

Hanlon, William Walker. "Human Capital Transferability and the Structure of the Economy", The Jerusalem Summer School in Economie Growth, The Hebrew Universtity of Jerusalem, Conference Proceedings. 2008.

Hausmann, R. , Hwang, J. , Rodrik, D. , "What you Export Matters", *Journal of Economic Growth*, 2007, 12 (1), pp. 1 – 25.

Hosios, A. J. , "Unemployment and Vacancies with Sectoral Shifts", *The American Economic Review*, 1994, pp. 124 – 144.

ILO, A. "Decent work and the informal economy." International Labour Conference 90th Session, World Development Unity. Geneva: ILO, 2002.

Islam, Nazrul. "Growth empirics: a panel data approach." *The quar-*

terly journal of economics 110. 4 (1995): 1127 – 1170.

Kalleberg, A. L. (2008). The Mismatche Worker: When People Don't Fit Their Jobs, *Academy of Management Perspectives*, 22 (1), 24 – 40.

Kochar, Kalpana, Utsav Kumar, Raghuram Rajan, Arvind Subramanian, and loannis Tokatlidis (2006), "India's Pattern of Development: What Happened, What Follows," NBER Working Paper 12023, February.

Koenker, Roger, and Gilbert Bassett, "Regression Quantiles", *Eocnometrica*, January 1978, 46 (1), pp. 33 – 50.

Kunda, G., Barley, S. R., & Evans, J. (2002). Why Do Contractors Contract? The Experience of Highly Skilled Technical Professionals in a Contingent Labor Market. *Idustrial and Labor Relations Review*, 55 (2), 234 – 261.

Lang, G., "The Difference Between Wages and Wage Potentials: Earnings Disadvantages of Immigrants in Germany", *The Journal of Economic Inequality*, 2005, 3 (1), pp: 21 – 42.

LEWIS. W. A. (1954), Economic Development with Unlimited Supplies of Labour. *The Manchester School*, 22: 139 – 191.

Machado, J. A., Mata, J., "Counterfactual Decomposition of Changes in Wage Distributions Using Quantile Regression", *Journal of Applied Econometrics*, 2005, 20 (4), 445 – 465.

Mankiw, G., Romer, D. and Weil, D. (1992) A Contribution to the Empirics of Economic Growth. *Quarterly Journal of Economics*, 5, 407 – 437.

Maurer - Fazio, M., Dinh, N., Differential rewards to, and Contributions of, Education in Urban China's Segmented Labor Markets", *Pacific Economic Review*, 2004, 9 (3), pp. 173 – 189.

Mazumder, Bhashkar, "The Mis-Measurement of Permanent Earnings: New Evidence from Social Security Earnings Data", Federal Reserve Bank of Chicago, Working Paper 2001 – 24, October 2001.

Melly, Blaise, "Decomposition of Differences in Distribution Using Quantile Regression," *Labour Economics*, August 2005, 12 (4), pp. 577 – 590.

Meng, X., Zhang, J., "The two-tier Labor Market in Urban China: Occupational Segregation and Wage Differentials between Urban Residents and Rural Migrants in Shanghai", *Journal of Comparative Economics*, 2001, 29 (3), pp. 485 – 504.

Mincer. J. A. (1974) Schooling, Experience, and Earnings. National Bureau of Economic Research, New York.

Murphy, Anthony, and Eric Strobl. "Employer and employee ignorance in developing countries. The case of Trinidad and Tobago." *Review of Developmen Eeonomics* 12. 2 (2008) 339 – 353.

Murphy, Kevin M., Andrei Sheifer, and Robert W. Vishny. "Industrialization and the Big Push." *Journal of Political Economy* 97, no. 5 (1989): 1003 – 26.

Myeong-Su Yun. Decomposing differences in the first moment. *Economics Letters*. Volume 82, Issue 2, 2004, Pages 275 – 280.

Oaxaca, R., "Male-female Wage Differentials in Urban Labor Markets", *International Economic Review*, 1973, 14 (3), 693 – 709.

Ogloblin, C. and Brock, G., "Wage Determination in Urban Russia: Underpayment and the Gender Differential", *Economic System*, 2005, 29 (3), pp. 325 – 343.

Phelps, Nicholas A. "Cluster or capture? Manufacturing foreign direct investment, external economies and agglomeration." *Regional studies* 42. 4 (2008): 457 – 473.

Polachek, S. W. and Robst, J., "Employee Labor Market Information: Comparing Direct World of Work Measures of Workers' Knowledge to Stochastic Frontier Estimates", *Labour Economics*, 1998, 5 (2), pp. 231 – 242.

Polachek, S. W. and Xiang, J. J. , "The Effects of Incomplete Employee Wage Information: a Cross-country Analysis", *Emerald Group Publishing Limited*, 2006.

Polachek, S. W. and Yoon, B. J. , " A two-tiered Earnings Frontier Estimation of Employer and Employee Information in the Labor Market", *The Review of Economics and Statistics*, 1987, pp. 296 – 302.

Polachek, S. W. and Yoon, B. J. , "Panel Estimates of a two-tiered Earnings Frontier", *Journal of Applied Econometrics*, 1996, 11 (2), pp. 169 – 178.

Ramos, R. , Surinach, J. , Artis, M. , 2010. Human capital spillovers, productivity and regional convergence in Spain. Papers in Regional Science.

Reich, Michael, David M. Gordon, and Richard C Edwards. "A theory of labor market segmentation." *The Americn Economic Review* 63. 2 (1973): 359 – 365.

Reich, M. , Gordon, D. M. , Edwards, R. C. , "Dual Labor Markets: A Theory of Labor Market Segmentation", *Economics Department Faculty Publications*, 1973, p. 3.

Reid, Alan, and William Scott. "Researching education and the environment: Retrospect and prospect." *Environmental Education Research* 12. 3 – 4 (2006): 571 – 587.

Rich, Robert, and Joseph Tracy. "Uncertainty and labor contract durations." *Review of Economics and Statistis* 86. 1 (2004): 270 – 287.

Romalis, J. , "Factor Proportions and the Structure of Commodity Trade", *American Economic Review*, 2004, pp. 67 – 97.

Romer, P. M. , "Endogenous Technological Change", 1990.

Ronald L Oaxaca, Michael R Ransom. On discrimination and the decomposition of wage differentials. *Journal of Econometrics*. Volume 61, Issue 1, 1994. Pages 5 – 21.

Schultz, T. W., "Investment in Human Capital", *The American Economic Review*, 1961, pp. 1 – 17.

Solon, Gary, Mary Corcoran, Roger Gordon, and Deborah Laren, "A Longitudinal Analysis of Sibling Correlations in Economic Status," *Journal of Human Resources*, Summer 1991, 26 (3), pp. 509 – 534.

Temple, J., "The New Growth Evidence", *Journal of Economic Literature*, 1999, 37, pp. 112 – 156.

Thomas, V. Y. Wang, X. Fan, "Measuring Education Inequality: Gini Coefficients of Education for 140 countries, 1960 – 2000", "World Bank Policy Research Working Paper 2525, Later Published in", *Journal of Education Planning and Administration*, 17 (1), pp. 5 – 33.

Tobin, J., "Inflation and Unemployment", *American Economic Review*, 1972, 62 (1), pp. 1 – 18.

Todaro, M. P. (1969). A Model of Labor Migration and Urban Unemployment in Less Developed Countries. *The American Economic Review*, 59 (1), 138 – 148.

Valletta, R., Cleary, A., "Sectoral Reallocation and Unemployment", *FRBSF Economic Letter*, Oct. 2008.

Webster, Elizabeth. "The rise of intangible capital and labour market segmentation." *Australian Bulletin of Labour* 27.4 (2001): 258 – 271.

Yang, Dennis Tao. "Determinants of schooling returns during transition: Evidence from Chinese cities." *Journal of Comparative Economics* 33.2 (2005): 244 – 264.

陈广汉，经济学博士，中山大学教授。国家高端智库、中山大学粤港澳发展研究院首席专家，博士生导师。国务院政府特殊津贴专家，全国政协参政议政人才库特聘专家。中华外国经济学会发展经济学研究会副会长、全国港澳研究会顾问。陈教授曾长期担任教育部人文社科研究基地、中山大学港澳珠江三角洲研究中心主任，以及港澳台研究中心和港澳与内地协调创新中心主任、粤港澳发展研究院副院长、全国港澳研究会副会长等。主要从事西方经济学理论、发展经济学、区域经济学、粤港澳大湾区经济发展与合作的教学和研究工作。主要论著有：《增长与分配——发展中国家面临的选择》《西方经济发展思想史》《刘易斯的经济思想研究》《港澳珠三角区域经济整合与制度创新》《香港回归后的经济转型与发展研究》《澳门高等教育发展研究》《产业创新能力的培育与发展研究——珠江三角洲的发展路径和趋势》《泛珠三角发展报告》《珠三角区域发展报告》《粤港澳大湾区发展报告》《澳门现代工业：过去和未来》等。

李小瑛，中山大学港澳珠江三角洲研究中心、粤港澳发展研究院，经济学副教授、博士生导师、院长助理。中国统一战线理论研究会港澳和海外统战工作理论广东研究基地专家。曾两次受邀请前往美国哈佛大学进行学术访问研究，主要研究领域为经济发展、创新经济、港澳经济等。担任广东省创新战略研究会常任理事兼副秘书长，广州高新区高质量发展研究院学术委员，《当代港澳研究》责任编辑等。在《经济研究》《管理世界》《世界经济文汇》《南方经济》《亚太经济》以及 *Regional Science and Urban Economics*，*International Review of Economic and Finance*，*British Journal of Industrial Relations*，*International Review of Financial Analysis*，*Research in International Business and Finance*

等国内外重要刊物发表多篇学术论文。主持包括国家社科基金项目、国家自然科学基金项目、国家高端智库基金项目、港澳决策咨询项目等十余项。主要著作有:《粤港澳大湾区科技创新研究》《世界级经济区:粤港澳大湾区建设研究》《中国国家高新区创新发展能力研究报告》。